곡교천의 봄

우리 동네 아저씨가 말하는 **아산**

교음사

| 들어가는 말 |

> 인간이 마음으로 앞길을 계획하여도 그의 발걸음을 이끄시는 분은 주님이시다.(잠언 16:9)

누구나 처음 살아가는 삶이라 실수투성이고 정답 없는 세상에서 가끔은 가슴앓이를 하면서 살아간다.

때로는 넘어지지만 넘어진 사람만이 다시 일어서는 방법을 터득하는 것처럼 한 번쯤 시련과 고난을 겪어본 사람은 문제 해결하는 방법을 터득하고 또 그것을 순응하면서 살아가는 방법을 알기 때문에 온전하게 한 번쯤은 제대로 넘어지는 것도 나쁘지 않다. 자꾸만 움츠러지는 마음을 추스르기 위해 집 근처 어린이 도서관 한구석에 앉아서 자기개발에 관련된 책을 찾아보곤 한다. 책을 읽고 있노라면 그나마 마음에 위안과 희망이 찾아오는 듯하였다. 계단을 오르는 것처럼 한 계단 한 계단 그리고 한 걸음 또 한 걸음 조금씩 배워가며, 익숙한 것들에 대해 관대해져 가는 모습을 보며 아! 난 또 습관처럼 당연한 듯 받아들이는 나를 발견하고 깜짝 놀라곤 한다.

코로나19를 보내며 우리는 참 많은 것들을 깨달았다. 너무 많은 대가를 치르며 일상의 행복에 대하여 깨달았고, 소중한 이들을 떠나 보내며 그동안 하지 못했던 많은 것들에 대해 안타까워

해야만 했다. 하늘이 파란 것도 너무 당연하게 생각했고, 불어오는 바람도 우리는 너무 당연하게 생각했다. 주위의 살아 숨쉬는 모든 것들이 늘 내 곁에 머물러 있을 것만 같았고 흐르는 시간조차 영원할 것 같았던 그 세월이 코로나19를 지나면서 새삼스러울 만큼 소중하고 일상이 '행복' 그 자체라는 것을 알게 되었다.

이제 우리는 그 소중한 일상을 조금씩 회복하고 미루어 두었던 일들을 하나씩 시작하고 있다. 이제 마음의 회복과 미루어 두었던 소중한 것들에 대하여 알고 감사하는 시간을 가져보자. 분명한 것은 오늘 우리가 살아 숨 쉬면서 아직은 늦지 않은 그때를 지나고 있으니 말이다. 그리고 그것들을 아직은 손을 놓지 않고 부여잡고 있으니 얼마나 다행인가!

오늘 하루 어떤 생각을 하고 무엇을 할 것인지는 오직 내 마음이 정하는 대로 갈 테니 기왕지사 좋은 생각과 긍정적인 마음으로 주위를 밝게 하는 '나 자신'을 발견해 보자.

내가 주도하는 삶에 좋은 환경을 만들어가는 것은 오직 내 마음이 시키는 대로 할 수 있는 선택권을 가졌기 때문이다.

2024년 11월 김진구

| 축간사 |

아산을 아끼고 사랑하는 동네 아저씨

이화룡
공주대학교 명예교수

우리는 일생 동안 이름 앞에 여러 타이틀을 가지고 살아갑니다. '우리 동네 아저씨'도 김진구 건축사, 김진구 의원, 김진구 박사 등으로 불리어 왔습니다. 이는 간혹 풍진 세월에 맞서는 방패가 되기도 하고, 또는 남에게 자신을 알리는 텍스트(text)로도 쓰입니다. 그동안 김진구 님과 인연을 맺고 어울려 지내왔지만, 여러 타이틀 중 '우리 동네 아저씨'가 가장 어울리는 듯합니다. 그의 따뜻하고 훈훈한 마음들이 이 책 속에서 소록소록 살아나고 있습니다.

'우리 동네 아저씨'는 참으로 우리 동네 아저씨입니다

세상 살아가는 누구든 후회 없는 완벽한 삶을 살 수는 없듯이 '동네 아저씨' 역시 넘어지고 일어서면서 이를 극복해온 우리 동네에서 흔히 보는 아저씨입니다. 하지만 우리 시대 동네 아저씨는 좋은 이미지만 있는 건 아닌 듯합니다. 후배나 아우들에게 따뜻하게 말을 건네고 위로와 용기를 줄 수 있는 그런 아저씨는 많지 않습니다. 이 책 곳곳에서 약자를 우선하고 도움을 주려는 '동네 아저씨'의 마음이 그려져 있습니다. 위보다는 아래로, 가진 자보다는 못 가진 자에게 애틋하게 다가가는 참으로 따뜻한 동네 아저씨입니다.

'우리 동네 아저씨'는 참으로 아산을 사랑합니다

누구든 고향은 아련한 추억으로 항상 우리의 힘의 원천이 됩니다. 동네 아저씨는 누구보다도 아산을 아끼고 사랑합니다. 곡교천에서 멱감다 이마 다친 친구, 유년 시절 보물찾기하던 현충사, 오리배 타고 데이트하던 신정호…, 예전의 추억에 머무르지 않고 더 좋은 장소, 더 살기 좋은 동네, 더 아름다운 아산이 되길 바라고 있습니다. 그리고 이러한 고향 사랑이 다음 세대에게는 살아가는 원동력이 되길 기원하고 있습니다. 그에게 고향은 '지치고 아픈 마음을 내려놓고, 다시 살아갈 힘을 얻으며, 자연이 주는 치유의 힘으로 낫게 하는 곳'입니다.

'우리 동네 아저씨'는 젊은이의 키다리 아저씨입니다

늦은 나이에 박사과정을 보내면서 아들뻘인 친구들과 스스럼없이 지내고, 도움을 받기보다 그들의 어려운 점을 해결해주려는 모습을 종종 보았습니다. 60대 나이에 박사학위 취득은 새로움에 도전하는 용기와 젊고 진취적 사고의 결과이며, 이는 나이를 뛰어넘는 성취였습니다. 이러한 경험으로 힘들고 좌절한 젊은이에게 일어서도록 용기를 주는 그는 참으로 우리 시대 몇 명 없는 키다리 아저씨입니다.

'언제나 가슴 속 밑바닥에서 어렵거나 힘든 일이 생겼을 때 우리를 버티게 하는 하나의 소중한 자원이다. 때로 우리는 넘어지기도 하지만 어떤 계기를 통하여 다시 일어서고 도전할 동기를 갖게 된다.'

'우리 동네 아저씨'가 그동안 일상 속에서 짬짬이 쓴 마음의 글을 많은 사람이 읽고 공감하였으면 좋겠습니다.

| 축간사 |

꿈과 희망이 이루어지기를 기원합니다

이성학
전, 온양용화고교장

원고를 받아본 순간 저는 '아산 가이드북을 겸한 수필집'을 받아 본 것 같았습니다.

출판에 즈음하여 추천사를 부탁 받은 후 글재주도 없고 걱정되어 극구 사양하다가 부족하지만 쓰기로 결심하였습니다. 그 이유는 학교운영위원장 당시 친근한 동네 아저씨 같은 모습으로 겸손하면서도 책임감이 강하고 협력과 화합의 리더십을 발휘하여 학교 발전에 많은 도움을 받은 인연으로 저자가 어떤 사람인지를 겪어 봤고, 조금은 알 수 있었기 때문입니다.

아산에서 태어나 성장한 김진구 전 시의원에 대한 시민들의 평판은 한결같습니다. 그는 신뢰를 지키고 한번 맡은 일은 틀림없이 해내는 추진력과 지혜를 가졌습니다.

그의 머리와 가슴속에는 아산 발전에 대한 열망으로 가득 차 있습니다.

아산시는 지금 절호의 기회를 맞고 있습니다. 그동안 아산시는 다양한 사업을 추진해 왔습니다만, 아산 시민의 특색을 살리는데 미흡하고, 시민들의 자발적인 참여와 협조를 유도하는데도 많이 부족했습니다. 그 이유가 시너지 효과를 낼 수 있는 종합

적 정책을 수립하지 못했고, 근시안적이고 편협된 사고로 문제를 해결하려고 해왔기 때문이라고 판단됩니다.

아산시는 국토의 중심으로 수도권과 충청, 영·호남권이 연결 거점도시로 전국이 대략 두 시간 이내 거리에 위치한 교통의 중심지로 수준 높은 교육·문화·관광도시로 도약하는 중심에 김진구 전 시의원이 주도적 역할을 수행할 수 있으리라 확신합니다. 수행 과정에 시민들이 참여할 수 있는 공간을 마련하고 함께 논의하겠다는 의지가 강하여 무한한 신뢰가 갑니다.

이 책은 친근한 동네 아저씨의 진솔한 삶과 아산에 대한 내용으로 구성되어 있습니다.

다시 한번, 출판을 축하하며 저자의 꿈과 희망이 이루어지기를 기원합니다.

| 축간사 |

아낌없는 마음을 담아 언제나 응원합니다

박옥남
선문대학교 교수

우리 동네 아저씨 김진구

그는 내 대학교 선배로, 내가 선문대학교 교수로 임용되었을 때 제일 먼저 연락을 하시고 대학교에 교수로 재직 중인 것에 대하여 대단하다고 인정해 준 오래된 학교 복학생 형님입니다. 형님과는 1980년도의 대학 시절 교정에서 첫 만남을 시작하였습니다. 80년도의 시대적 격동기의 힘든 시기에서 복학생과 재학생으로 건축과 A반에서 2년 동안 함께 생활하고 44년 동안 매년 연락을 주고받으며, 경조사 때는 당연히 기쁨과 슬픔을 함께 하였습니다. 그때 복학생은 군대를 다녀온 형님들을 지칭하는 단어로 복학생과 재학생으로 구분된 시기입니다. 일반적으로 재학생보다 4~5살 정도 더 먹은 형님들이었지요. 학교생활을 하면서 학교 신입 오리엔테이션 때 제물포역 튀김집에서 소주잔을 기울이며 인생의 개똥철학을 논하던 형님과 우리는 함께 술에 취해 밤새 고생하였던 기억이 가물가물하게 납니다.

형님의 학교생활은 평소에는 대부분 조용하셨지만, 건축 관련 수업에는 적극적으로 참여하였고 후배들을 도와주면서 학교생활에 다른 복학생들보다 모범적인 모습이었던 걸로 기억합니다. 특히 후배들을 잘 포용하셨을 뿐만 아니라 고향이 아산이라 졸업 후에도 자주 후배들을 불러 함께 고향집에 가서 부모님에게 인사 드리며 인생의 무게에 대해 많은 이야기를 나누었습니다. 이렇게 후배들을 살뜰히 챙기며 인생 상담을 해주는 형님은 오랜 시간 동안 인연의 끈을 놓지 않고 안부를 주고받는 오랜 벗과 같은 분입니다. 즐겁고 어려울 때 항상 연락하면 본인 일처럼 자상하게 동생들을 챙기는 형님은 후배들에게는 만나면 멋진 선배이자 자상한 선배로 이야기의 주제가 되는 모범이 되는 분입니다.

대학을 마치고 군 입대를 한 후 잠시 연락이 뜸해졌지만, 형님이 대기업에 입사하였다고 월급을 탔다며 일부러 후배를 불러내어 맛난 음식을 사주며 진로에 대하여 많은 조언해주었던 고마운 형님은 오랜 시간이 흐른 지금도 늘 변함없이 후배의 방문에 반갑게 맞이하고 바쁜 시간에도 차 한 잔을 잊지 않고 건네며 고운 인연을 이어갑니다.

한번 만나면 시간이 어떻게 지나가는지 모르는 옛이야기를 나누고, 늘 고향인 아산을 자랑하며 코로나로 조금은 위축된 온천 등 사회적 분위기를 걱정하는 아산 지역 주민입니다.

건축사 시험에 합격하여 아산에 설계사무소를 개소하면서 다시 한번 동문들은 하나가 되었고, 오래전 함께 했던 많은 시간들이 다시 거슬러 오르는 것을 느끼는 시간도 가졌습니다.

아직도 우리는 가끔 만나 옛이야기를 나눕니다. 추천인의 글을 쓰면서 가만히 기억을 더듬어보니 서로의 부모님을 떠나보내며 아픈 기억을 공유했었고, 그때 보았던 어린 자녀들이 성장하여 결혼하는 아름다웠던 시간, 또한 시의원에 당선되어 아산의 미래를 위한 비전을 나누었던 시간들, 그리고 뜻하지 않은 일로 법적 책임을 져야 했던 지난날, 그러함에도 불구하고 지속적인 학업을 이어가며 대학원에서 공학박사를 취득하신 일 등 44년의 형님과 함께했던 기억이 주마등(走馬燈)처럼 스쳐 지나갑니다.

  이 책을 통하여 형님과 저와의 인연을 곱씹어 보며 형님과 함께했던 모든 일을 추억하면서 항상 앞에서 선구자처럼 살아왔던 모습이 후배들에게 귀감이 되고 있다는 것을 말씀드리고 싶습니다. 후배들과의 첫 만남인 20대에서 벌써 60대 중반으로 가고 있습니다. 앞으로도 좋은 일 궂은일 모두 형님과 함께 나누며 살아가기를 소망합니다. 항상 좋은 일만 가득하시길 기원하며 무엇보다 건강하시기를 당부드립니다.

  아울러 이 책은 누구나 마치 내 이야기를 읽는 듯한 마음으로 가볍게 읽을 수 있는 우리들의 이야기이다. 누구나 어린 시절 애틋한 기억이 있고 사랑하는 사람을 가슴에 담아두고 있는 우리가 가슴 따뜻해지는 여운을 느낄 수 있는 책으로 단언컨대, 한번 시작하면 끝까지 읽게 되는, 마법 같은 '나'의 이야기라는 것을 미리 말해둔다.

| 축간사 |

동네 아저씨가 엮은 별난 문화관광해설집

김태식
친구

일상이 행복이며, 제대로 한번 넘어져서 나 자신을 발견해보자고 강권하는 동네 아저씨는 세대와 세월, 그리고 아산이라는 공간을 공유하며 살아온 동갑내기 친구다.

그런데 그동안 틈틈이 써왔던 글들을 묶어서 책으로 출간하겠단다. 축하할 일이라고 호들갑은 떨었지만 그를 소도시 아산에서 나름 이름을 알리며 건실하게 생활하는 건물 설계하는 사람으로만 생각했기에 그리 신통치 않게 여긴 게 사실이다. 곧바로 발간 준비 중인 원고가 메일로 날아왔다. 빈약한 독서력 탓에 두툼한 책만 펼쳐도 머리가 지끈거리는 내게 커다란 고통이 배달된 것이다. 하지만 물러설 여지가 없는 마당이라 한 꼭지 읽어나 볼 요량으로 파일을 열었다.

그런데 그것참, 세상에 놀랍고도 신기했다. 독서 기피증에 시달리는 내가 원고를 단숨에 끝까지 읽어버렸기 때문이다. 그렇다, 낭중지추(囊中之錐)! 그는 넘치는 재간과 애향의 열정을 끝까지 감출 수 없었음이 분명하다.

문장은 애써 화려하게 치장하지 않았고, 현학적 언어구사로 잘난 척하려고 하지도 않았다. 쉽고 평이한 언어로 소탈하게 이끌어간 글 속에 진솔함이 배어 있어서 좋았다. 읽는 내내 무릎을 치며 공감하며 행복감에 젖을 수 있어서 즐거웠다. 아마도 친구와 동시대를 살면서 똑같은 스키마(schema)가 형성되었기 때문이 아닐까 생각한다.

　평소 친구가 가슴에 품고 살았던 소신을 풀어낸 꼭지도 눈에 띄었지만 대부분은 소싯적부터 누비던 아산땅 구석구석을 글감으로 삼고 있다. 또 그 이야기는 꽤나 전문적이어서 마치 문화해설사나 향토사학자가 들려주는 것 같았다. 게다가 도입부의 구수한 에피소드와 필자의 식견이 어우러져서 독특한 관광 가이드북이란 느낌이 강했기에 감히 별칭을 붙여봤다, 행여 조금이라도 누가 되면 어쩌나 염려하면서.

　조금 더 이야기를 이어가보자. 각 꼭지별 이야기는 어렸을 때 멱감고, 물고기 잡던 아련한 기억, 생각만 하여도 눈물이 앞서는 어머니랑 아버지와의 잊을 수 없는 추억, 어느 곳을 방문하거나 가볍게 들렀을 때 받았던 느낌과 경험 등등으로 말문을 연다. 물꼬를 트는 재치가 있다. 또 내가 알고, 나도 하고 싶은 이야기들을 친구의 입을 통해서 듣다 보니 금세 흥미에 빠져들 수밖에.

　목로에서 소주잔을 기울이며 왁자지껄 밤을 새워도 좋겠단 생각에 이르게 되었을 때 슬며시 아산 곳곳으로 안내를 시작한다. 인간이 숫자 앞에서 약해진다는 약점을 이용하려는 건지 연대를 비롯한 각종 숫자를 앞세우며 학술발표회를 방불케 하는 전문가다운 해박한 상식을 쏟아낸다.

　이어서 자신의 견해며 나아가 발전적 미래상을 내비칠 때는 마치 미래 도시계획설계사가 제안 설명을 하는 것 같다. 아마도 독자들의 공감과 동의를 구하는 것이리라.

그리고 이 책의 화룡점정(畵龍點睛)은 매 꼭지마다 끼워넣은 짧은 어록이 아닐까? 여운의 울림이 있기 때문이다.

끝으로 건축설계가 전문인 친구가 아직도 여리고 예민한 감수성의 소유자이며, 여전히 지적호기심 넘치는 탐구자이고, 무던히도 아산을 사랑하는 애향인이라는 사실이 반갑다. 그리고 누군가 아산을 제대로 알고 싶은 이가 있다면, 아산을 소개할 자료를 찾는다면 이 책을 강력히 추천하고 싶다.

벌써 친구의 후속타가 기다려진다.

| 축간사 |

마음의 평온을 찾는 힐링 지침서

박민근
공학박사

끝날 것 같지 않던 무더위가 지나고 이제 제법 날씨가 쌀쌀해졌다. 낙엽 드니 첫눈 온다고, 아침, 저녁으로 찬바람이 부는 것이 이제 곧 겨울이 오려나 보다.

겨울을 재촉하는 가을비가 촉촉이 내리던 어느 날 김진구 작가의 수필집 『곡교천의 봄』을 만났다.

편안한 마음으로 읽기 시작한 '우리 동네 아저씨가 말하는 아산'은 따뜻한 차 한 잔을 마시며 빠르지도, 느리지도 않은 여유 있는 걸음으로 동네 한 바퀴를 기분 좋게 산책한 그런 행복한 느낌을 주는 책이다.

연인들의 필수 코스인 아산 곡교천 은행나무길부터 이순신 장군의 얼이 서린 현충사, 아산 문화의 중심으로 우뚝 선 호수공원 신정호, 조선시대의 모습을 그대로 옮겨놓은 듯한 외암리 민속마을, 그리고 전국 최고의 명소인 온양온천까지 짧은 시간에 아산의 명소 곳곳을 돌아본 것 같다.

또, 아산의 다채로운 볼거리를 소개하며 작가의 어린 시절 이야기나 명소마다 간직하고 있는 역사적 배경, 솔직한 감정 자기고백 등을 담백하게 담아내고 있어 마치 한 폭의 아름다운 풍경화를 이야기로 감상한 것 같은 흥미로운 시간이었다.

특히, 아버지, 어머니와의 소중했던 추억을 회상하며, 돌아갈 수 없어 더 그리운 시간 속을 천진한 마음으로 걸어 들어가는 작가의 마음을 헤아릴 수 있어 가슴이 따뜻해짐을 느낄 수 있었다.

책을 덮는 순간, '우리 동네 아저씨가 말하는 아산'은 아산의 명소를 차 한 잔의 여유와 함께 걸어가며 마음의 평온을 찾는 힐링 지침서라는 생각이 들었다.

어쩐지 길지 않을 것 같은 이 가을, 삶의 무게에 짓눌려 잠깐의 '쉼'이 필요한 사람에게 이 책을 꼭 추천하고 싶다.

모락모락 김이 피어오르는 따뜻한 차 한 잔을 옆에 놓고 눈으로 아산 곳곳을 찾아가는 힐링 여행에 당신을 초대합니다.

| 축간사 |

동네 아저씨의 인생 이야기와 철학이 담긴 글

허성회
건축사

한 사람의 인생을 통째로 갈아 넣은 듯한 주옥같은 글들을 읽고 글솜씨가 없는 사람이 추천사를 쓰려니 덜컥 겁이 난다. 이 책에는 필자가 살아온 삶과 고향에 대한 사랑이 물씬 느껴지는 글이 가득하다. 나는 필자와 한 동네 살고, 필자는 나에게 '동네 of 동네'의 아저씨이다. 동네 아저씨를 안 지도 벌써 14년째, 항상 변함없이 정말 동네 아저씨같이 푸근하고, 가식 없는 마음으로 대해주어 감사할 따름이다.

이 책에 나오는 곡교천, 현충사, 신정호, 외암리 민속마을, 온양온천, 지중해마을은 아산 시민이면 누구나 잘 알고 있는 아산의 상징이다. 나 또한 아산에 거주한 지 10여 년이 되면서 나에게 일상에서 편안함을 선사해주는 선물 같은 장소이다. 동네 아저씨의 소소한 일상에서 이 장소들이 가지는 의미와 고향에 대한 애정이 진하게 배어있는 글이다.

책을 읽어 내려가다 보니 어느새 중년이 되어버린 나에게 가장 와닿는 글귀가 있다. '붙잡아도 갈 것은 가고, 떠밀어도 남는 것은 남는다' 가장 인상 깊게 새겨지는 한 줄의 글이 아닌가 싶다. 억지로 무언가를 한다고 하여 내 맘대로 되는 것이 있었던가? 반문해 보지 않을 수 없다. 나이를 먹어 간다는 건 아마도 이런 인생의 진리를 깨달아가는 과정인지도 모르겠다. 아직은 젊지만 배워야 할 것이 많은 나 같은 사람에게는 매우 공감이 가는 글이다.

국악에 빠졌던 경험이 있었다는 것은 이 책을 통해 처음 알게 되었는데, 필자의 우리 것에 대한 관심과 애착이 느껴졌고, 우리의 전통 가락이 글로벌에서 울려 퍼지는 상상을 해 보았다.

K-Culture가 세상을 휩쓸고 있는 요즘, 우리 것, 전통이라는 것에 대해 다시금 생각해보게 하는 좋은 글이었다.

이 책에는 인생에 길잡이가 될 만한 다양한 경험과 생각이 녹아있는 것 같다. 많은 독자가 이 책을 읽고, 세상살이 팍팍한 요즘 마음의 위안을 받았으면 한다.

찬 바람이 불고, 단풍이 들어가고, 풍성함이 무르익어 가는 요즘, 동네 아저씨의 인생 이야기와 철학이 담긴 글들이 잘 어울리는 그런 계절이 아닌가 싶다. 훈훈하고, 힐링 되는 이 한 권의 책으로 진~한 감동을 받는 가을이 되시길 바라면서, 보약 같은 한 권의 책 '우리 동네 아저씨가 말하는 아산'을 추천해 본다.

| 차 례 |

들어가는 말
축간사   이화룡 공주대학교 명예교수
         이성학 전, 온양용화고교장
         박옥남 선문대학교 교수
         김태식 친구
         박민근 공학박사
         허성회 건축사

곡교천 강줄기 따라 거꾸로 흐르는 세월 … 27
영웅 이순신 장군의 얼이 서린 현충사 … 39
마음을 치유하는 호수공원 신정호 … 51
아픈 것들은 때로 원치 않는 흔적을 남긴다 … 59
가장 완벽한 조선시대 시간여행 외암리 민속마을 … 65
모든 행동에는 책임이 뒤따른다 - 아버지와 카메라 … 75
불혹의 나이가 넘어 부르는 회한의 노래 … 81
임금님도 머물다 간 온양온천 … 89
가슴으로 부르는 그 이름 어머니 … 99
변화를 위한 트렌드에 맞추다 … 107
우리 것은 좋은 것이야! … 115
누구나 살다보면 위기는 있다 … 125
열정이 가득했던 그날의 추억 … 133
나이를 먹는다는 것은 익숙해진다는 것을 의미한다 … 139

붙잡아도 갈 것은 가고, 떠밀어도 남을 것들은 남는다 … 145

파란이 일면 그것은 또 한 계절이 바뀌는 것이다 … 151

누군가에게 특별한 하루를 선물하자 … 159

보이지 않는 것에 대한 가치와 소중함을 위하여 … 165

기와집 주춧돌 같은 할아버지 … 171

역사를 간직한 아름다운 공세리 성당 … 179

조선 청백리의 상징 맹사성 고택을 찾아서 … 193

삽교천 맑은 물은 바다로 흐른다 … 201

영험한 학의 기운으로 발현되다 - 영인산 … 209

한 명의 아이를 키우기 위해서는 온 마을이 필요하다 … 225

꿈꾸는 사람은 아름답다 … 231

> 일상이 행복이라는 것을
> 깨닫는 것은
> 고난과 시련이 닥쳐왔을 때
> 비로소 알 수 있다

곡교천 강줄기 따라
거꾸로 흐르는 세월

   온양온천역에서 버스를 타고 곡교천에서 하차하면 약 2km 정도의 도로변에 큰 은행나무가 마치 그림처럼 줄지어 서 있다. 때를 잘 맞추면 노란 은행잎들이 온천지를 뒤덮을 듯 하늘거리고 곡교천의 강물이 햇빛에 반사되어 그 반짝임으로 눈이 부시고 하늘은 또 얼마나 높고 푸른지, 가을 어느 날이면 꼭 그곳을 찾아 오래전 기억을 곱씹으며 걸어보곤 한다.
   내 어릴 적에 곡교천은 지금처럼 온갖 꽃들을 심어놓거나 이렇게 멋진 은행나무의 장엄함이 있지는 않았다. 그저 어린 꼬마들이 멱을 감으며 한여름 뙤약볕들을 식히고 그곳에서 나는 송사리를 잡거나 말조개를 잡고 놀았다. 그것도 싫증이 날 때면 근처 풀숲에서 뛰어다니는 메뚜기를 잡아 강아지풀에 줄줄이 꿰어서 많이 잡으면 튀겨서 반찬이나 간식으로 먹기도 했다. 생각해 보면 소박하기 이를 데 없는 내 어린 시절이다.
   잡은 물고기로 만든 어죽은 또 얼마나 맛있던지…. 한참을 물속에서 놀다가 나온 우리에게 어죽은 거의 보양식이다. 뜨끈한

어죽 한 그릇에 불쑥 솟아오른 배를 두드리며 벌러덩 누워 바라본 하늘은 세상 다 얻은 듯 만족스러웠다.

한번은 친구 녀석이 잠수놀이를 한다면서 마치 다이빙을 하듯이 풍덩 하고 뛰어들었다. 다시 솟구쳐 올라오던 녀석의 이마에는 한줄기 선혈이 낭자하다. 뛰어들면서 진흙 바닥의 작은 돌에 이마가 찍힌 것이다. 깜짝 놀란 우리는 허둥지둥 양말을 붕대삼아 지혈을 하고 어떤 녀석은 찔끔찔끔 눈물을 훔치고 또 어떤 녀석은 가방을 대신 메고 그렇게 우리는 친구네 집으로 데려다주었다. 그때 친구 어머니의 놀란 표정은 오랜 시간이 흐른 지금도 눈에 선하다. 그 사건으로 우리는 한동안 냇가에서 멱감는 것을 삼가해야 했다. 그러나 그 후로도 오랫동안 곡교천에서의 멱감기

곡교천의 반영

놀이를 이어갔다. 지금은 상상도 하지 못하는 그 재미난 곡교천의 추억을 가슴속에 묻으며 가끔 술자리 안주로 꺼내놓는다.

지금의 곡교천은 어떠한가.
계절별로 색다른 매력을 뿡뿡 뿜어대는 곡교천의 사계는 봄이면 유채꽃이 온 강물을 노랗게 물들이고 또 커다란 곡교천의 상징인 은행나무의 작은 연둣빛 새싹은 얼마나 앙증맞고 곱던지, 여름에는 제법 시원한 은행나무의 그늘을 지나 캠프장이 만들어진 강물 따라 해바라기와 각종 아

름다운 꽃들이 산책로를 따라 이어져 있고 저녁이 되면 산책과 운동을 하는 사람들의 발걸음으로 시끌벅적해진다. 한낮의 땡볕이 산을 기웃기웃 넘어갈 때쯤 어린 자녀들의 손을 잡고 산책하는 가족들을 보고 있노라면 나도 모르게 흐뭇한 미소가 새어 나온다.

 가을이면 곡교천은 절정이다. 노란 코스모스와 핑크뮬리가 심어져 있는 강가는 인산인해를 이루고 잘 익은 은행나무의 고운 빛이 곡교천을 더욱 빛나게 할 때쯤이면 연인들이 연신 눌러대는 카

곡교천의 야경

메라 셔터 소리에 까르르 터지는 웃음소리, 이 모든 것이 아름다움의 극치가 아닌가 싶다. 간혹 낚시대를 드리우고 세월을 낚는 사람들의 모습도 보이고 자전거를 타고 달리는 사람들, 캠핑장에서는 저녁을 준비하는 사람들의 왁자지껄한 소리에 곡교천은 시골 시장터처럼 붐비는 모습이다.

  특히 10월 말이 되면 곡교천은 은행나무축제가 열리는 데 이 황금터널을 걷기 위하여 수많은 사람이 이곳을 찾는다. 곡교천의 은행나무길은 전국의 아름다운 10대 가로수길로 선정되기도 할 정도로 아산을 대표하는 아름다운 명소 중의 하나이다. 축제 기간에는 먹거리 장터들도 들어서고 고정식 푸드트럭들도 생겨나 소소한 즐거움을 더해준다.

곡교천의 봄

　키오스크를 활용한 먹거리 푸드트럭은 가격대도 저렴하기에 지역사회의 경제적인 활성화에 어느 정도 기여를 하게 되니 가급적 곡교천을 찾게 되면 시원한 강바람을 맞으며 푸드트럭이나 장터에서 소비활동을 하면 좋겠다. 그뿐만 아니라 근처에 형성된 아름다운 카페에서 그윽한 향기 가득한 차 한 잔을 나누고 깊어가는 가을을 만끽하는 것도 좋겠다.

　불과 얼마 전까지만 해도 코로나19로 사람들이 모이는 것은 상상도 하지 못했다. 2~3명만 모여도 감염의 우려로 인하여 만나고 싶어도 참아야 했고 이 아름다운 풍경도 맘껏 누리지 못한

곡교천의 가을

채 몇 해가 지나갔다. 생각해 보면 아무렇지 않게 만나고 또 맛있는 음식을 나눠 먹는 일상이 이렇게 소중하다는 것을 코로나19를 통하여 알게 된 것이다. 만약 코로나19가 우리에게 없었더라면 우리는 당연한 듯 그 일상을 누리고 감사를 잊고 살아갔을 것이다.

우리에게 코로나19는 큰 아픔의 시기이기도 했지만, 누군가에게는 기회가 되었고 또 누군가에게는 소중한 것들을 알아가는 시간이 되기도 했다.

아마도 곡교천이 이렇게 아름답다는 것을 깨닫고 시끄러운 사

곡교천 백일홍

람들의 소음이, 소음이 아닌 일상에서 얻을수 있는 아름다운 소리라는 것을 깨닫는데 약 3년이라는 시간이 걸렸다는 것을 우리는 알 수 있다.

우리는 코로나19를 겪으면서 어떤 이들은 소중한 사람들을 잃었고 트라우마를 남겼다. 우리는 3년이라는 시간을 헛되이 보내지 않기 위하여 두고두고 기억해야 할 것들을 떠올려야 한다. 그것은 가장 일상적인 것에 대한 감사를 떠올리고 순간순간을 소중하게 보내야 하며 그동안 고마웠던 사람들과 나눠야 할 대화를 미루지 말고 나눠 보자.

어쩌면 그 대화는 지금이 아니면 나눌 수 없는 것들이 될 수도 있기 때문이다. 때로 우리는 지나고 난 후 '그때 그럴걸' 하고 종종 후회하곤 한다.

이번을 계기로 고마웠던 일들은 물론 미안했던 일들과 사랑하는 이들에게 해줄 많은 이야기를 속시원히 털어놓는 계기로 만들어 보자. 처음에는 쑥스러울 수도 있지만 불편한 것도 시간이 지나면 익숙해진다는 것을 이미 경험하지 않았던가?

일상에서 마스크를 쓰고도 그 더운 여름날을 지냈던 것을 기억해 보라. 하물며 사랑하는 이에게 사랑한다고 말하는 것이 익숙해지지 않겠는가. 정말 미안했지만 그 말 한마디를 하지 못해 서운하게 살아왔던 것들을 생각해 보면 삶을 사는 동안 이 짧은 한마디가 무엇이 그렇게 어려운가. 미안해, 사랑해, 그리고 고마워, 오늘은 그 말들을 할 시간을 한 번쯤 만들어 보자.

우리가 당연한 것이라고 생각하면서 살아왔던 일상이 행복이라는 것을 깨닫기까지 많은 것들을 필요로 하지는 않는다. 그저 살짝 깨어져 버린 일상, 그리고 늘 마스크를 쓰고 살아야 하는 갑갑한 상황과 보고 싶은 사람을 만나지 못하고 살아가야만 하는 것이 바로 일상이 되어버린 시간들이다. 우리는 이제 막 비뚤어진 일상에서 조금씩 회복의 시간을 갖고 있다. 신체적인 것은 물론 심리적인 것도 회복하고 틀어졌던 관계도 회복하고 마음을 전할 수 있다는 것에 감사하며 모든 일상이 회복되기를 바란다.

곡교천 유채꽃

> 오래된 과거가
> 아름다운 것은
> 다시 돌아올 수 없기
> 때문이다
> 오늘을 마음껏 누리자

영웅 이순신 장군의
얼이 서린 현충사

    유년 시절을 돌아보면 빼놓을 수 없는 부분이 바로 소풍 갔던 현충사이다. 그 넓은 잔디밭에서 수많은 게임을 하였고 보물찾기와 장기자랑을 하며 유년 시절을 보내곤 했다. 우리는 소풍이 아니어도 자주 현충사를 들러 놀이터로 삼았었다. 특히 중학교 때는 이순신 장군의 흉내를 내며 전쟁놀이에 몰두했었고 그 유명한 이순신 장군의 명대사인 "나의 죽음을 적에게 알리지 마라"는 말을 시도 때도 없이 외치며 현충사를 싸돌아다니곤 했다. 아마도 우리는 국어책에 나오는 이순신 장군의 셋째 아들 '면'의 모습을 닮아가기를 원했던 것은 아니었을까?
    어린 시절 친구들과 수시로 현충사를 놀러 가곤 했다. 딱히 놀이터가 없었던 시절이라 현충사는 우리들의 놀이터로 훌륭했던 것이다. 집 안채 들마루에 둥그러니 놓여 대충 가죽끈으로 묶어놓은 2자루의 녹슨 칼과 낡은 천으로 만들어진 깃발과 난중일기가 놓여 있었다. 장군님의 넋이 어린 유품을 볼 때 명량해전에서 울렸던 우렁찬 목소리가 나의 귓전에 들리는 듯하였다.

현충사

박정희 대통령의 친필 현판

현충사는 사적 155호로 1704년 숙종30년에 아산 지방 유생들이 충무공 이순신의 전공을 기리기 위해 사당건립을 상소함에 따라 1706년 건립했으며 그 이듬해 '현충사'로 사액되었다고 한다. 특히 1865년 고종 2년에 대원군의 서원철폐령 이후 황폐화되었다가 1932년 6월 이충무공 유적보존회와 동아일보사가 성금을 모아 중건하여 영정을 봉안했다고 기록되어 있다.[1] 실제로 어렸을 때 이곳은 관리된다는 느낌 없이 그 유명한 큰 칼은 집의 마루에 대충 전시되었었다.

현재는 잘 복원된 건물에 관리 중이다. 특히 현충사의 현판은 박정희 대통령의 친필로 알려져 있는데 이순신 장군의 용맹함을 잘 나타나게 획마다 기운이 넘친다.

이순신 장군의 영정 앞에서 잠시 묵념을 하면서 나라를 지키기 위해 고군분투하셨을 이순신 장군의 당시

---

1) 출처: 다음백과

모습을 상상해 본다.

현충사는 이순신의 영정을 모신 사당으로 이순신 장군이 성장한 집으로 활터는 이순신이 활을 쏘며 무예를 익힌 곳으로 전한다. 유물관에는 국보 제76호로 정해져 있는 우리가 역사를 통해 잘 알고 있는 『난중일기(亂中日記)』, 『서간첩(書簡帖)』, 『임진장초(壬辰狀草)』이 보물 제326호로 지정된 장검(長劍)·옥로·요대·도배구대(桃盃俱臺) 등이 전시되어 있다. 어릴 적 수업시간을 통해 그 유명한 이순신 장군이 읊었던 시조를 되뇌어 본다.

한산도가

한산섬 달 밝은 밤에 수루에 홀로 앉아
(閑山島 月明夜上戍樓)
큰 칼 옆에 차고 깊은 시름 하는 차에
(撫大刀深愁時)
어디서 일성호가는 남의 애를 끊나니
(何處一聲羌笛更添愁)[2]

이순신 장군이 임진왜란 중 나라의

현충사 참배

---

[2] 李舜臣(1545-1598) 장군이 1595년(50세) 지은 시조, 일성호가(一聲胡笳): 한 곡조의 피리 소리

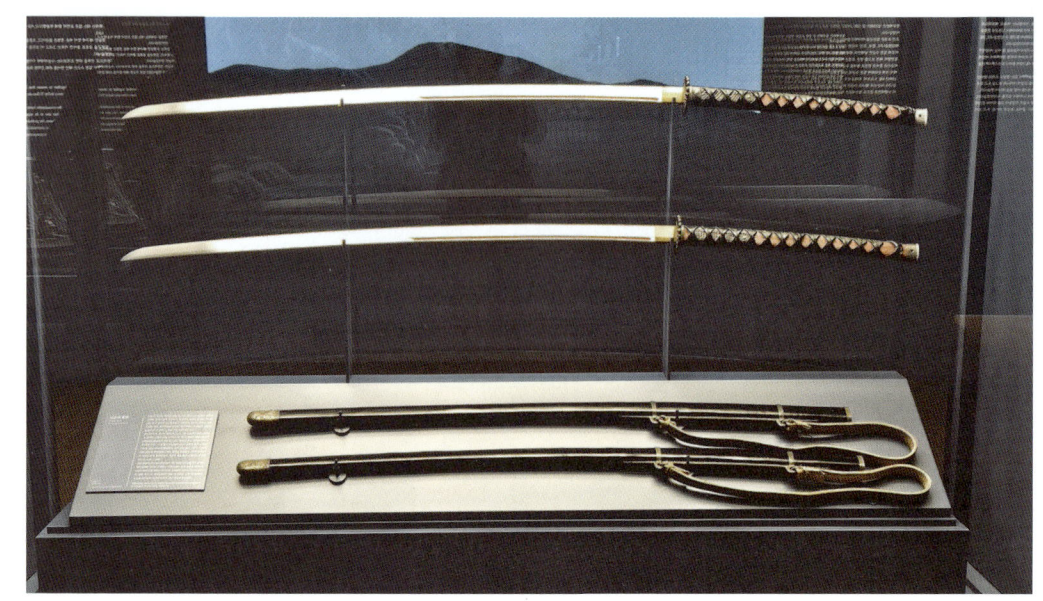
이순신 장군 장검

운명을 짊어진 장수로서 나라의 운명을 생각하며 얼마나 절절한 심정이었을지 생각하게 하는 시조이다. 이때 큰 칼, 즉, 장검은 한 쌍으로 국보로 지정되었으며 이 두 장검의 칼날에는 이순신 장군이 손수 지은 시구가 새겨져 있으며 장검1에는 '석자 칼로 하늘에 맹세하니 산하가 떨고(三尺誓天山河動色)', 장검2에는 '한번 휘둘러 쓸어버리니 피가 산하를 물들인다(一揮掃蕩血染山河)'라고 적혀있다. 또한 칼자루 속 슴베(칼자루와 칼날의 결합부) 표면에 '갑오년 4월에 태귀련과 이무생이 만들었다(甲午四月日造太貴連李茂生作)'는 글귀가 새겨져 있다. 시기가 장군의 『난중일기』 1595년 7월 14일자에는 '태구련(太九連·태귀련과 동일인물 추정) 등이 들어왔다'라고 했으며 21일자는 '태구련과 언복이 만든 칼을 충청수사와 두 조방장에게 1자루씩 보냈다'라고 전한다.[3]

---

3) 경향신문 2023.9.18.

三尺誓天 山河動色 一揮掃蕩 血染山河
(삼척서천 산하동색 일휘소탕 혈염산하)

석 자 되는 칼로 하늘에 맹세하니 산과 물이 떨고 한 번 휘둘러 쓸어버리니 피가 강산을 물들인다.

이 글은 바로 이순신 장검에 새겨진 글귀로, 장검 보물 제326호로 지정되었으며, 선조 27년(1594) 충무공 이순신 장군의 검은 임진왜란 때 23전 23승을 이룩하며 '나라와 백성을 사랑하는 정신'이 깃든 것으로 선조 27년(1594) 4월에 진중(陣中)에서 당시 칼을 만드는 대표적인 명수로 이름난 태귀련(太貴連)과 이무생(李茂生)이 만든 것이다. 충무공께서 항상 벽에 걸어 두고 보면서 정신을 가다듬으시던 칼. 장검 손잡이에는 남색 천을 십자로 감았고 칼끝에는 당초문이 새겨져 있으며 칼등에는 홈이 파져 있다. 손잡이 부분도 매우 길어 두 손으로 잡을 수 있는데 약간 휘어져 있다. 칼집은 끝부분에 은으로 된 장식이 붙어 있으며 칼을 찰 수 있는 끈이 붙어 있다. 칼 위에는 각각 장군의 친필 검명(劍銘)이 다음과 같이 새겨져 있다.

우리는 '이순신 장군' 하면 난중일기(亂中日記)를 떠올리는데 난중일기는 시대별로 다양하게 작성되었다. 현재 현충사 박물관에 전시되어 있는데 무술일기(戊戌日記), 속정유일기(續丁酉日記), 정유일기(丁酉日記), 병신일기(丙申日記), 갑오일기(甲午日記), 계사일기(癸巳日記), 임진일기(壬辰日記)를 일컬어 난중일기라고 한다. 이순

현충사 내부 전경

신 장군은 1592~1598년(임란 7년) 동안 군중에서 쓴 일기로 정확히는 임진왜란이 발발하기 3개월 전인 1592년(선조 25년) 정월(1월) 1일부터 전사하기 이틀 전인 1598년(선조 31년) 11월 17일(양력 1598년 12월 14일)까지 2,539일간 기록한 일기이다.

현재까지도 이순신 장군이 직접 쓴 일기 초고본 8권 중 7권이 남아서 충남 현충사에 비치되어 있고 1962년 12월 20일에 국보 제76호로 지정되었으며 2013년 6월에 유네스코 세계기록유산에 등재되었다.4)

어찌됐든 이순신 장군은 사후 45년이 지나서야 '충무공'이라는 시호를 받았고 약 200년이 지나서야 정조께서 특별히 충무공의 업적을 후세에 남기라는 명에 따라 해군 역사상 큰 승전을 남겼던 업적을 비로소 주위의 많은 사람들에게 알릴 수 있게 되었다.

---

4) 출처: 나무위키

이순신 장군 영정

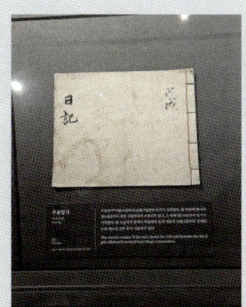
무술일기(戊戌日記)

속정유일기(續丁酉日記)

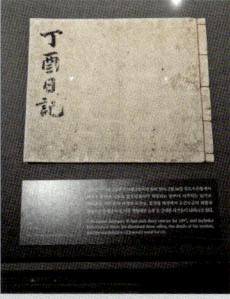
정유일기(丁酉日記)

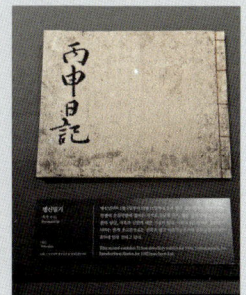
병신일기(丙申日記)

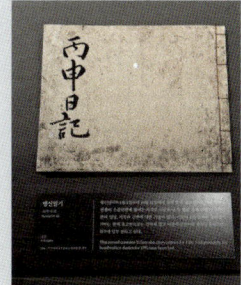
갑오일기(甲午日記)

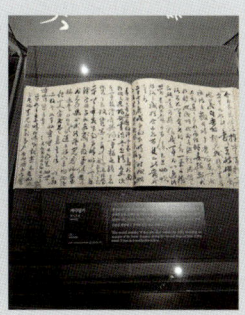
계사일기(癸巳日記)

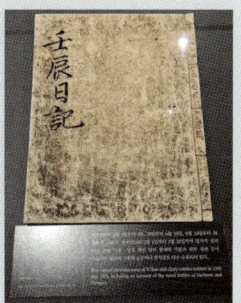
임진일기(壬辰日記)

이순신 장군의 난중일기(亂中日記)

현충사 관리소에서 제법 경사진 곳을 올라야 그 전경을 마주할 수 있는데 대한민국 최고의 명품 소나무를 비롯하여 홍살문과 충의문을 지나야 사당이 나오며 사당 앞에 서면 아산시가 훤히 내려다보인다. 또한 너른 연못에는 큰 잉어들이 무리를 지어 헤엄치고 노는 모습이 장관이라 할 수 있고, 넓은 잔디밭에는 파란 하늘빛과 맞닿아 더욱 아름답다. 사실 이 연못도 예전에는 거의 웅덩이 수준이었는데 지금은 넓고 커다란 연못이 되어 많은 이들이 즐겨 찾는 명소가 되었다.

또한 현충사의 상징인 커다란 두 그루의 은행나무 아래 시원한 그늘과 커다란 나무들이 줄지어 늘어선 이곳은 고즈넉한 맛이 있어 산책하기에는 이만한 곳이 없다. 그뿐만 아니라 현충사는 가을 단풍이 유명하여 가을이면 많은 사진 작가들이 명품 전경을 잡기 위해 문전성시를 이룬다. 가을이 되면 그 울긋불긋한 단풍은 마치 불이 붙은 듯 붉고, 물론 겨울이 오면 하얀 눈을 담은 현충사는 동화 속의 한 장면이다. 넓은 잔디밭에 고요히 채운 하얀 눈은 눈이 시리게 아름답다. 아지랑이 가득한 봄이 오면 사당 앞 매화꽃의 향기와 연못 근처의 노란 붓꽃이 활짝 꽃망울을 터트린다. 사시사철 꽃향기 짙고 단풍이 고운 넓은 풍광 속 현충사의 모습은 과거 어릴 적 놀이터였던 그 모습과는 사뭇 다르지만 현충사는 내 유년 시절의 소중한 한 시절을 담고 있으며 아련한 추억으로 자리잡았다.

현충사를 가는 길은 정문에서 중앙통로를 따라 아름드리 소나무가 있는 길도 있지만 우측과 좌측 양방향은 서로 각기 다른

현충사 연못

현충사 은행나무

모습으로 아름다움을 자랑하고 있다. 좌측으로 가는 길에는 나지막한 돌계단을 끼고 돌며 산 앞으로 나 있는데 대부분 많은 사람들은 중앙통로를 선호해 그 방향으로 가지만 나는 한적한 좌측 방향의 산 아랫길을 선호한다. 돌계단을 오르고 나면 쉼터가 나오는데 의자에 앉아서 산방향을 바라보고 있으면 "좋구나!"라는 감탄사가 절로 나온다.

특히 요즘처럼 뜨거운 태양이 이글거리는 시기에는 커다란 나무의 그늘과 산바람이 통하는 이곳은 현충사의 숨은 안식처이다. 나는 가끔 이곳에 앉아 산을 바라보며 복잡한 머리를 달래고 좋은 기운을 얻고 힐링하곤 한다. 혹시 현충사를 찾게 되면 너른 중앙통로도 전경이 아름답지만 좌측 산길로 난 산책로도 한번쯤 가 보기를 권한다. 그리고 나와 같이 복잡한 머리를 덜어 놓고 홀가분한 마음으로 일상으로 돌아올 수 있으면 좋겠다.

현충사는 이순신 장군의 영웅담을 알 수 있는 역사가 어린 곳이기도 하지만 다양한 숲과 나무가 조성되어 가족들과 소풍도

현충사로 이어지는 산책로

하며 가족애를 나누기에도 좋은 곳이다. 역사의 발자취도 느끼고 가족들과 담소를 나누며 화목한 분위기도 만들고 계절의 변화도 느낄 수 있는 곳이다.

  어린 시절은 다시 돌아갈 수 없지만 언제나 가슴속 밑바닥에서 어렵거나 힘든 일이 생겼을 때 우리를 버티게 하는 하나의 소중한 자원이다. 때로 우리는 넘어지기도 하지만 어떤 계기를 통하여 다시 일어서고 도전할 동기를 갖게 된다. 이때 우리는 알게 된다. 내 어릴적 많은 경험과 추억들이 켜켜이 쌓여 지금의 나를 만들어가고 있으며 문제를 해결해 나갈 수 있는 능력도 쌓이게 된다는 것을 말이다. 현대를 살아가는 많은 부분이 AI로 대체되어가는 지금, 낭만과 추억이 깃들어 있는 현충사의 존재가 가끔 고난과 시련이 나를 힘들게 할 때 나를 다시 설 수 있게 만드는 추억의 장소로 남아있다.

여러분들은 혹시 그런 소중한 곳이 있는가? 만약 특별히 그런 곳이 없다면 이순신 장군의 역사적 사실과 낭만이 살아 숨 쉬는 아산의 현충사를 방문하여 아름다운 기억 하나 만들어 보면 어떨까?

이 아름다운 현충사를 6월에만 찾는 특별한 곳이 아니라 아산의 시민이라면 생활 속에서 오가며 힐링할 수 있는 현충공원으로 늘 이순신 장군의 애국심을 가슴에 담고 살아가는 우리가 되기를 소망한다.

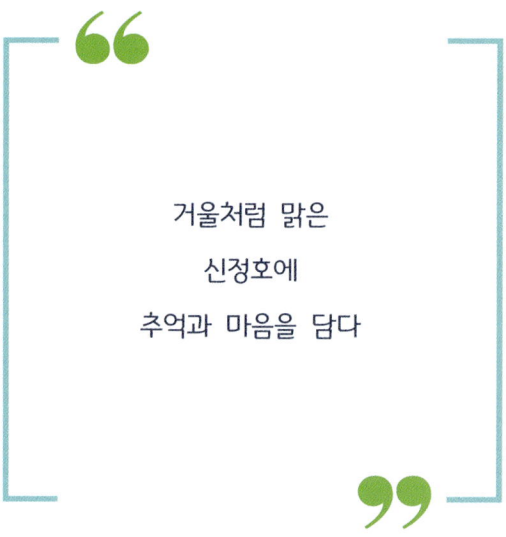

거울처럼 맑은
신정호에
추억과 마음을 담다

마음을 치유하는 호수공원 신정호

    누구에게나 마음 한편에 가슴 아련해지는 예쁜 추억 하나쯤 담고 살아간다. 늘 힘들고 아프지만은 않기에 가만히 기억하고 있으며 나도 모르게 미소 짓는 아름다운 추억 하나 있기 마련이다. 나 역시 한참 사춘기 시절에 여학생들과 남학생들이 여럿 모여 오리배를 타고 신정호에서 놀았던 기억이 있다. 누구랄 것도 없이 그때는 오리배를 타는 것이 최고의 데이트 코스였기에 짝을 지어 미팅을 하였고 최종 코스는 바로 여기 신정호에서 오리배를 타는 것이었다. 그때는 그게 어찌나 재미있었던지 날이 지는 줄도 모르고 발바닥에 땀이 나도록 오리배의 페달을 돌렸었다. 그러면 여학생들은 까르르까르르 웃으며 손뼉을 치며 좋아했었다. 지금 생각해 보면 무엇이 그리 재미났던 것인지, 어떤 것이 그리도 우스웠는지 아득한 기억이지만 그때 그 시절 사춘기를 맞은 우리에게는 더없이 즐거운 놀이터였다.

    지금도 오리배를 보노라면 문득문득 그 시절로 달려가는 나의 모습을 발견한다. 또한 온양은 신혼여행지로 전국 최고의 관광지

신정호의 연꽃과 반짝이는 호수

로 유명하였다. 온양으로 여행 온 신혼부부들은 서로 사랑의 추억을 간직하기 위해 작은 배 위에 마주앉아 사랑의 노를 저으며 미래에 대한 설계를 하곤 했다.

원래 신정호는 자연적으로 생겨난 호수가 아니다. 1926년 일제 강점기에 만들어진 인공호수로 야외음악당, 잔디광장, 음악분수공원, 생활체육공원 및 생태수상공원 등 친환경적인 테마별 공원으로 구성되어 있어 시민과 관광객에게 휴식의 공간, 보건치유 및 정서함양의 공간으로 각광받고 있다. 주말이면 음악행사와 다양한 문화행사가 열리는 야외음악당, 부드러운 클래식 음악을 배경으로 아름다운 물분수의 춤이 연출되는 음악분수공원 그리고 자연과 어우러진 조각상들이 배치된 조각공원은 문화예술체험의 장으로 활용되고 있기도 하다.

그뿐만 아니라 야외수영장을 비롯한 33종의 체육단련시설이 조성되어 운동과 놀이의 공간으로 인기가 있으며, 수상생태공원의 산책로는 청소년들의 자연학습공간이나 연인들의 데이트코스로 사계절 휴양지이기도 하다. 그리하여 물, 빛, 소리 등 자연과 문화가 어우러진 전국 최고의 도심 테마파크로 알려져 있다.5)

봄 여름이면 대규모로 조성된 연꽃단지에 분홍빛 연꽃이 화려함의 극치를 보여주고 신정호수의 품격을 더하는 조각공원에는 풍부한 예술적 가치는 물론 상상을 자극하는 창의력을 자아낸다.

특히 3D체험형 프로그램을 접목

신정호의 푸른 숲과 요트를 타는 사람들

신정호의 연꽃

---

5) 신정호 관광단지 홈페이지(https://www.asan.go.kr/sinjungho)

산책로와 정자

작은 동물원과 수경공원

한 생태학습관은 미디어아트와 라이브스케치를 체험할 수 있는 곳으로 신정호수의 아름다운 경치와 자연 요소를 매칭하여 아이들에게 특별한 경험을 선사한다.

또한 음악분수는 흐르는 음악에 맞추어 아름다운 물줄기를 연출하는 환상의 음악분수로 심야에 더욱 그 아름다움을 발한다. 다른 도시의 공원과 특별한 차이가 있다면 민족성을 나타내는 아산 항일민족운동 전시관과 평화의 소녀상, 이충무공 동상이 있어 나라의 위상과 역사성을 알게 해주는 곳으로 역사의 숨결을 느끼게 해준다.

가슴 아픈 역사 속의 영광과 투쟁을 전시물과 이야기를 통해서 만나 볼 수 있으며, 특히 이순신 장군의 동상은 1997년 이충무공탄생 400주년을 기념하기 위하여 충무공 표준 영정을 기본 모델로 문화관광부의 고증 아래 제작된 것으로 이순신 동상 중 가장 큰 동상이며,

영웅 이순신의 완벽함과 인간미가 잘 드러난 것으로 알려져 있다.

　작은 동물원을 연상시키는 동물마을에는 양이나 염소, 그리고 앙증맞은 토끼들이 살아간다.

　아산에 대하여 잘 모르더라도 신정호를 한 번 방문해 본 사람이라면 다시 오고 싶은 마음이 들 것이다. 바다는 아니어도 바다처럼 넓고 탁 트인 신정호를 끼고 나 있는 산책로를 따라 걷다 보면 어느새 잡념은 다 사라지고 그저 바라보는 신정호에 마음의 평안이 찾아온다.

　볕이 좋은 가을날 신정호의 수변데크를 걷다 보면 새끼 오리를 데리고 유유히 헤엄치는 오리떼를 만나고 갈대숲 사이로 숨었다 나왔다 반복하는 어미 오리를 따르는 아기 오리들의 모습에 나도 모르게 미소가 번진다. 햇빛에 반짝이는 수면 위로 가끔 물고기 떼들이 불쑥불쑥 뛰어오르는가 하면 그 물고기 떼를 사냥하기 위한 가마우지 떼들도 자맥질을 하고 한참 지난 후 다시 물 밖으로 나온 가마우지는 만족스러운 듯 유유히 수면 위를 떠다닌다.

　자연풍광도 좋지만 여행을 하는 사람들의 가장 불편함은 주차와 화장실 등인데 신정호는 최근 주위 경관을 조성하면서 주차장과 화장실도 잘 조성해 주었다. 근처 예쁜 카페에서 커피 한 잔하면서 바라보는 신정호는 한 폭의 그림이다. 커다란 느티나무 아래 그늘에서 오래도록 앉아 읽고 싶었던 소설책을 꺼내 들고 한참을 시간 가는 줄 모르고 앉아 책을 읽는 시간도 좋다.

느티나무 쉼터와 메타세쿼이아 오솔길

신정호 주위에서 산책하며 오다가다 들렀던 맛집도 신정호를 찾게 하는 하나의 동기부여가 된다. 각박한 도심을 근처에 두고 이런 바다를 닮은 호수가 있다는 것은 아산의 큰 장점이다. 갈대를 품은 가을날의 신정호는 가을 내음을 더욱 강하게 하고 그런 신정호를 바라보며 산책을 즐기는 사람들과 운동기구를 활용해 체력을 단련하는 사람들의 모습이 평온한 가을날의 일상이 된다.

찬찬히 둘러보는 신정호의 산책로는 발길 닿는 곳마다 저마다의 맛을 느낄 수 있다. 특히 메타세쿼이아 나무 길을 걷노라면 마치 이국적인 느낌을 받으며 몽환적인 길을 걸을 수 있다. 좀 더 넉넉한 시간을 갖고 신정호를 찾는다면 신정호가 갖고 있는 특별함을 만나게 될 것이다.

커다란 느티나무 아래 쉼터에서 무한정 시간을 보낼 수도 있고, 환상적인 데크 길을 따라 마냥 걷고 싶은 충동을 느낄 수도 있을 것이다.

1인 시대를 맞으면서 요즘 사람들은 얼마나 많은 스트레스를 품고 살아가는가! 각자 저마다 다양한 스트레스에 노출되어 각박한 삶을 살아가고 있는 요즘 자연생태계를 그대로 간직한 명품 호수가 근교에 있다면 분명 삶의 활력소가 될 것이다.

  직장인도 학생도 또 다른 어떤 이들도 신정호로 인하여 삶의 위로가 되고, 사람은 물론 수많은 새들과 생명 있는 어떤 것들도 살아가는 생명수로 자리 잡고 있는 곳이 바로 신정호다. 지치고 아픈 마음들을 여기 신정호에 와서 내려놓고 다시 살아갈 힘을 얻으며 자연이 주는 치유의 힘으로 낫게 되는 곳, 바로 이곳 신정호가 아닐까.

> 누구나 트라우마를 안고 살아간다
> 그것을 극복하는 것은
> 결국 나 자신이다

아픈 것들은 때로
원치 않는 흔적을 남긴다

　세상을 살다 보면 누구나 약점 하나쯤 있는 것이 대부분이다. 나 역시 어릴 적 대형견(불독)에게 물려 아직도 대형견을 보면 움찔움찔 놀라며 뒷걸음질 치곤 한다. 그때 나는 친구들보다 약간 덩치가 작았던 듯하다. 그걸 알기나 한 것인지 그 대형견(불독)은 친구 5명 중 콕 찍어 나만 공격을 하였다.
　허벅지를 제대로 덥석 물린 탓에 나는 병원에서 6바늘을 꿰매고 덕분에 학교도 며칠을 빠져야만 했다. 당시 죽을 힘을 다해 도망을 치다가 볏짚 사이로 숨었지만 그 녀석은 용케도 나를 찾아 한바탕 분풀이를 하고선 제 갈 길을 갔다. 그때 내 나이 10살, 그 두려움은 지금도 몸서리칠 만큼 두려움으로 남아있다. 사실 그때 우리는 그 녀석을 그냥 지나치지 못하고 약간 약을 올리곤 하였다. 까불까불 어린 녀석들이 약을 올리니 그 대형견(불독)도 '어디 한번 당해봐라'라고 보란 듯이 덤벼들어 물었던 것 같다.
　그때 그 흔적이 아직도 허벅지에 남아 있지만, 그보다 더 큰 흔적은 아마 마음속에 자리 잡고 있는 대형견에 대한 두려움이 아닌가 싶다. 그래도 살아가면서 어느 정도 치유가 되어 사납지 않으면 손을 내밀어 머리를 쓰다듬을 만큼은 됐지만 애써 일부러 손을 내밀어 보지는 않는다.

굳이 모험을 할 생각은 없기 때문이다.

생각해 보면 대부분의 사람들은 아픈 사연 하나쯤 가슴 한편에 담고 살아간다. 그것이 신체적인 것이 되었든 정서적인 것이 되었든 함부로 꺼내고 싶지 않은 사연들. 우리는 그것을 '트라우마'라고 부른다. 트라우마는 쉽사리 사라지지 않고 늘 나의 약점이 되어 내 주위를 맴돌다가 어느 순간 기습적으로 발현된다.

'트라우마'의 사전적 의미는 재해를 당한 뒤에 생기는 비정상적인 심리적 반응. 외상에 대한 지나친 걱정이나 보상을 받고자 하는 욕구 따위가 원인이 되어 외상과 관계없이 우울증을 비롯한 여러 가지 신체 증상이다.[6] 이는 의도치 않은 어떤 사건이나 사고, 폭력, 학대, 전쟁, 자연재해 등 다양한 일들로 일어난다. 특히 어린 시절 발생한 사건들은 일상생활에 기능적인 제약을 초래할 정도로 심각하게 나타나기도 한다. 대부분은 경험했던 것들에 대해 잘 극복하고 회복이 되기도 하지만 유독 치명적으로 나타나는 어떤 것들은 두고두고 자기 자신을 괴롭히기도 한다. 이때 우리에게 필요한 것은 의료적인 것일 수도 있지만 정서적인 것들이 심리적인 치유에 효과를 주기도 한다.

여기서 나는 트라우마에 대하여 적극적으로 맞서기를 조심스럽

---

6) 국어사전

게 권해 본다. 대형견에게 크게 물렸던 기억에 대해 나는 한동안 작은 강아지들만 봐도 멀찌감치 돌아서 갔던 것을 기억한다. 때로 반갑다며 다가오던 강아지를 피해 아버지의 등뒤로 숨었던 내 모습이 지금은 상상도 하기 힘들 정도로 낯설기만 하다. 그래도 이런 트라우마를 극복하기 위해서 결국 작은 강아지부터 시작해 정면승부를 했다. 한번은 동네 개가 새끼를 낳았고 아직 이빨도 거의 없었던 꼬물거리던 녀석을 쓰윽 한 번씩 만져보면서 무조건적이던 두려움은 귀여움으로 바뀌었고 점점 자라면서 그 두려움이 사라졌던 것을 기억한다. 그러나 처음 보는 대형견들은 깊숙하게 숨어있던 두려움을 스멀거리며 올라오게 하는데 아직도 약간은 남아있다. 마치 허벅지의 그 흔적처럼 말이다.

 지금도 가끔 어떤 일들은 두려움으로 다가온다. 내가 하고 싶지 않지만, 반드시 해야 할 일들이 있기 마련인데 내가 처음 하게 되는 일들은 두려움의 대상이다. 걱정 반 두려움 반으로 시작하는 일들이 생각처럼 다 잘되지 않을 때 그것은 후유증을 남기고 다른 새로운 것들을 시작할 때 걱정으로 다가온다. 살아가면서 우리는 많은 걱정과 두려움을 안고 살아가지만 이것을 넘어서지 못하면 어떤 것도 시작할 수 없게 된다. 이는 트라우마를 극복하고 다시 시작하는 것처럼 그 한 발을 내디뎌야 새로운 것을 시작할 수 있다는 것이다.

 어떤 글에서 본 것처럼 우리는 처음 살아보는 삶이라 실수투성이고 누구나 처음 살아가기에 정답은 없다. 실수하며 배워가고 넘어져 봐야 다시 일어서는 방법을 알게 되는 것처럼 사건이나

사고 등 어떤 안 좋은 상황에서 좌절했던 경험을 이제는 툭툭 털고 일어나 새로운 시작이라는 한 발을 내딛고 극복하는 것이 바로 트라우마를 치유하는 방법이 될 것이다.

이러한 것들은 누가 치유하도록 하는 것이 아니라 나 스스로 정면 승부를 통해 도전하고 극복하고 한 발씩 나아가는 것이다. 물론 결코 쉬운 일은 아니다. 마라톤을 하려면 한 발 한 발 나아가야 하는 것처럼 몸과 마음을 병들게 하는 트라우마를 극복하기 위하여 나에게 보다 관대해지고 더욱 성장하였다는 나 자신을 발견하길 바란다.

그리고 기분을 표현하고 다양한 방법을 통하여 마음속에 내재되어 있는 트라우마를 표출하는 것이 필요하다. 부끄럽고 꺼내 보기 싫은 좋지 않은 기억이라 내면 깊숙이 숨겨 두고 또 닫아 두는 것들이 지속적인 트라우마를 안고 살아가게 한다는 것을 기억하자.

밖으로 내쫓는다는 생각으로 내 안에 깊은 곳에 자리하고 있는 트라우마의 상황을 울든가 말하든가 소리를 질러보든가 그것도 아니면 신앙적인 활동을 통하여 기도로 표현하든가 여러 가지 방법을 통하여 외부로 내보내면 조금씩 그 크기가 작아지는 것을 느낄 수 있을 것이다. 그리고 있는 그대로의 나를 인정하고 나도 잘하는 어떤 것들이 있음을 기억해주길 바란다. 누구에게나 단점이 있지만 또 누구에게나 장점이 있는 것처럼 나 자신의 장점을 찾고 당당한 자신감을 가진다면 어떤 트라우마도 조금씩 극복하고 치유하게 될 것이다.

> 옛것이 그립다는 것은
> 내 마음속에
> 누군가 그립다는 것이다

가장 완벽한 조선시대 시간여행
외암리 민속마을

한때는 대부분 집이 초가집이었던 적이 있었다. 아직도 그 흔적이 남아서 관광지로 보존이 되고 있는 곳이 있는데 바로 외암리 민속마을이다. 무더운 여름날 돌담이 가지런히 쌓인 길을 걷다 보면 돌담에 올라타고 자라는 호박넝쿨과 활짝 핀 호박꽃에 커다란 호박벌이 날아드는 것을 볼 수 있다. 간혹 어린 호박이 꿈을 가득 담은 채 자라는 것을 볼 수 있으며 논에는 연둣빛 벼가 자라고 때를 잘 맞춰서 가면 핑크빛 연꽃이 가득 피어있는 것을 볼 수 있다.

가을이 되면 그 연둣빛 벼는 황금물결을 이루고 초가집 사이사이로 느티나무의 단풍이 더욱 아름답고 낭만적으로 보인다. 마을 입구에는 커다란 장승이 마치 마을을 지키는 수호신처럼 떡 하니 버티고 서서 두 눈을 부릅뜨고 오가는 이들을 지켜본다.

외암리 민속마을은 국가지정 중요민속문화재로 지정된 마을로 약 60여 채가 옹기종기 조선 후기의 향촌 모습을 그대로 보존하

외목마을 전경과 내부

고 있는 곳이다. 또한 2021년 한국관광 100선에 선정되기도 하였으며 어떤 방송사에서는 한국의 살기 좋은 마을 10선에 선정되기도 하였다.

마을에서는 전통문화를 보존하고 관광객들을 유치하기 위한 다양한 볼거리와 체험거리를 제공하는데 정월 보름에는 대보름맞이 행사와 장승제를 지내고 10월에는 관(冠), 혼(婚), 상(喪), 제(祭)와 농경문화를 주제로 한 짚풀 문화제, 11월에는 동지행사를 실시한다. 체험으로 한옥민박 체험, 영농 체험, 먹거리 체험 등을 진행하고 있으며 조선시대 저잣거리가 조성되어 다양한 먹거리와 공연을 관람할 수 있다.

  이는 조상의 슬기와 숨결을 느낄 수 있는 곳으로 초가집 뿐만 아니라 기와집과 살림살이를 알 수 있는 문화적 가치가 높은 곳이기도 하다.

  '초가집' 하면 고등학교 어느 날이 생각난다. 이날은 처음으로 아버지에게 회초리로 종아리를 맞았던 날이기도 하다. 그날은 친구의 집에서 놀던 날이었는데 그 친구네 집이 초가집이었다. 무슨 바람이 불었는지 나는 친구 6명과 학생 신분에도 불구하고 막걸리를 먹었던 것이

짚풀 문화제를 찾아서

다. 서로 횡설수설하면서 몇 시간에 걸쳐 마신 우리는 처음 술이라는 것을 마셨던지라 취기가 올라 바로 일어설 수가 없어 늦게까지 친구네서 담소를 나누다 아주 늦어서야 집에 갔던 것이다. 그날 아버지는 심한 꾸중을 하셨는데 그날의 기억을 잊을 수가 없다.

아버지와의 추억을 떠올리며

 나는 아버지를 실망시켰다는 것이 너무 속상하고 죄스러워 밤새 잠을 이룰 수가 없었다. 당시 아버지는 교사로서 남다른 교육관을 갖고 계셨기에 학생 신분으로 술을 마신 아들이 못마땅한 게 당연하였을 것이다. 그때 아버지께서 하신 말씀은 성장하면서 나의 가치관을 바로 세우고 사람답게 살아갈 수 있는 모태가 되었다. 아버지는 남에게 피해를 주지 않는 삶을 살아야 한다고 말씀하셨으며 술은 영혼을 파괴시키는 도구라고 하셨다. 마음을 올바로 다스리지 못하면 결국 일생을 흐트러진 삶을 살아가게 될 것이며 그것이 바로 술이 큰 영향을 미친다고 하셨다. 하물며 학생 신분으로 취기가 오르도록 마신 그 행동에 대하여 책임을 물으셨고 간혹 마을의 어떤 이의 주정으로 인하여 가정이 폭력과 파탄의 원인이 된 것을 매우 유감스럽게 생각하셨다. 그것이 혹여 아들의 생활습관으로 자리 잡게 될까 봐 두려우셨던 것 같다. 실제로 아버지는 술을 드시지 않으셨고 마지못해 명절 등 차례를 지낼 때는 음복술 이외에는 입에 대지 않으셨다.

지금도 외암리 민속마을을 가게 되면 그날의 기억이 새록새록 떠올라 종아리가 뜨끈해지는 느낌을 받곤 한다.

가끔 아버지가 그리울 때면 나는 외암리 민속마을을 찾는다. 누군가 그리울 때 찾을 수 있는 곳이 있다는 것은 축복이다. 그곳에 가면 아버지의 사랑을 느낄 수 있고 오래전 친구들의 추억을 찾을 수 있다. 그때 우리는 어쭙잖은 고민으로 힘들어했고 그것이 대화의 물꼬를 틀게 했다. 지금 생각해 보면 코웃음 나는 하찮은 고민거리였지만 그때는 제법 진지했던 것 같다.

영화 '태극기를 휘날리며'와 '클래식', '취화선' 그리고 드라마속에서 자주 만났던 '옥이이모', '임꺽정', '야인시대' 등을 촬영한 곳으로 널리 알려진 이 마을에 들

외암 생막걸리

외암리 담장을 끼고 돌며

어서면 제일 먼저 물레방아와 정자가 눈에 들어오고 마을 주민들이 공동으로 물레방아를 이용해 생활을 해왔던 것을 알 수 있다. 샛길을 따라 민속마을을 산책하다 보면 켜켜이 쌓아올린 돌담을 따라 걷게 된다. 그 정교함이 지금의 건축물에 버금갈 정도이다. 적당히 울타리 역할도 하면서 또 담장 넘어 경관도 바라보이며 서로 소통이 가능할 정도의 높이로 쌓아올린 관계형성의 장이기도 한 조선시대의 담장이 지혜롭기 그지없다는 생각을 하게 된다.

특히 건축가의 한 사람으로서 조선시대의 건축물인 민속마을을 보노라면 금방이라도 이웃집에서 낮은 담장으로 안부를 묻는 정겨운 소리가 들릴 듯하다.

서로의 어울림이 뛰어난 초가집과 기와집을 지었던 것인지 조상들의 지혜에 놀랍기만 하다. 오래전 초가집에는 겨울날 고드름이 얼어 간식으로 먹고 놀았던 기억도 남아있고 참새들이 초가집에 터를 잡고 알을 낳았으며 강남 갔던 제비 역시 초가집 지붕 아래 터를 잡고 알을 낳고 새끼를 부화시켜 다시 계절이 바뀌면 강남으로 날아간다. 특이한 것은 제비는 이듬해 다시 그 집에서 가정을 이루고 알을 낳고 다시 새끼를 부화시킨다는 것이다.

새집을 짓지 않고 전해에 지었던 그 집을 보수하여 자리를 잡는 걸 신기하게 생각했던 기억이 난다. 요즘은 제비를 보는 것이 좀처럼 쉽지 않지만 오래전 그때는 흔히 볼 수 있었던 풍경으로 그리운 사람과 함께 떠오르는 추억의 일부분이 되었다.

감 체험

김진선

가을 햇살 받으며
창밖에 강물과 산등성이를 바라보며
상주를 향했다

산골짜기를 타박타박 걷는데
까치가 날아와 길을 안내한다

주황빛 열매가 주렁주렁 열린
감나무 밭에 들어가
감을 땄다

붉게 물든 잎새 사이에
열린 대봉
한아름 가슴에 안고
터질듯한 미소

가을을 알리는 신호탄
촌부의 손길
관광객들한테
체험을 안겨 주었다

> 네모난 틀
> 그 안에서는
> 모든 것들이
> 의미롭다

모든 행동에는 책임이 뒤따른다
- 아버지와 카메라

　내가 고등학교를 다니던 시절에만 해도 집에 카메라가 있는 집이 그다지 많지 않았다. 다행히 우리집에는 우리 동네에서 유일한 카메라가 있었다. 어느 날 선배들이 졸업사진을 찍으려고 하니 갖고 나오란다. 나는 거절할 수가 없어서 아버지 허락 없이 서랍 속의 카메라를 몰래 갖고 나갔다.

　당시 카메라는 필름을 활용하여 사진을 찍고 그것을 현상하여 사진을 볼 수 있었다. 우리는 그때 사실 카메라가 익숙하지 않아서 큰 실수를 하고 말았는데 안에 든 필름은 햇빛에 노출되면 이전에 찍었던 사진들은 쓸 수가 없다. 그것도 모르고 그만 필름이 든 케이스를 열고 말았는데 아마 그 카메라에는 아버지의 어떤 소중한 기억들이 있었던 듯하다. 현상을 하려고 가지고 간 카메라에 아버지의 기록이 모두 망가지고 말았던 것이다. 당시 아버지는 고등학교 교사로 재직 중에 있었는데 학교와 관련된 사진이 아니었던가 싶다.

　그 당시에는 야속한 마음에 너무 서글퍼 눈물이 나왔다. 아버

지는 반성문을 쓰라 하시고 밖으로 나가셨다. 지금 생각해 보면 사진에 대한 기록 때문만은 아니었던 것 같다. 이전의 아버지는 내가 잘못했을 때 꾸중을 하시거나 많은 대화를 통해서 가르침을 주셨다. 그런데 이날은 회초리를 드셨는데 그날 아버지의 인생관은 내게 평생 정직하게 살아가게 하는 동기부여가 되었다.

  지금은 핸드폰만 있으면 얼마든지 필름에 상관없이 많은 사진을 찍을 수 있는 시대이다. 사진이라는 것이 그렇게 특별할 것도 없는 시대로 인터넷을 통하여 컴퓨터를 통하여 원한다면 언제나 볼 수 있기에 그때 그 시절처럼 애틋함이 없을 수도 있다. 당시에는 잘 나온 사진 한 장이면 평생을 가슴에 품고 다니며 두고두고 꺼내 보는 것이 애정표현의 한 방법이기도 했다. 특히 군대 갈 때면 부모님의 사진과 연인의 사진을 갖고 가서 철모 안에 넣고 보초를 설 때면 꺼내 보면서 눈물을 훔치기도 했다. 생각해 보면 한 장의 사진이 주는 애틋함과 그리움들이 귀하던 카메라의 희소성으로 인한 것이기도 했던 것 같다. 작은 사진 한 장이 얼마나 의미있던지 그 기록을 위하여 아버지의 눈을 속여가며 카메라를 가져간 아들을 바른길로 인도하기 위하여 회초리를 들었던 그 마음을 이제 아버지의 입장이 되고 보니 충분히 이해하고도 남음이 있다.

아마 아버지는 어쩌면 두려웠던 것은 아니었을까 싶다. 교육자로서 자녀가 혹여 나쁜 길로 빠질까 봐 염려가 되어 평생 처음으로 매를 드시고 그 쓰린 마음은 오죽했으랴. 평생을 교직에 몸담고 계시면서 수많은 학생들을 바른길로 인도하고자 혼신의 힘을 다하셨던 것을 알고 있다. 주위의 많은 분들이 아버지를 존경해 마지않았으며 나는 아직도 아버지의 그늘을 입고 살아가고 있다는 것을 알고 있다. 아버지는 교육자로서 최선을 다하셨고 아들에게도 그 교육관으로 바르게 살아가기를 원하셨던 것이다. 나는 아버지의 바람대로 순간순간 정직하게 살아가려고 노력해 왔으며 때로 많은 유혹이 있을지라도 아버지의 사랑의 매를 기억하며 바른길로 가고자 노력했다. 그뿐만 아니라 나는 아버지의 그 바른 교육관

그리운 부모님

을 내 아이들에게도 이어가고 있으며 그것이 여태 살아왔던 내 삶의 부모로서의 자녀에 대한 교육관이 되었다.

만약 그때 아버지의 그런 따끔한 가르침이 없었다면 어떻게 되었을까? 모든 행동에는 반드시 그 행동에 대한 책임이 뒤따른다. 콩 심은 데 콩 나고 팥 심은 데 팥 난다고 하지 않았던가. 나는 그날 아버지의 카메라를 몰래 사용하고 회초리를 맞았지만 다행스럽게 그런 잘못은 그 회초리 사건으로 더 이상 생겨나지 않았다.

어느 가정에도 부모는 자녀에게 바람이 있을테고 그것이 자녀가 잘되기 위한 소망이 담겨있을 것이다. 때로 우리는 그 마음의 바람을 '가훈'으로 남겨 거실 한편에 걸어 두고 자녀가 올바른 길로 갈 수 있기를 날마다 기도하며 살아간다. 간혹 자녀가 그릇된 길을 갈지라도 부모라는 이유로 감싸안으며 때로 남몰래 눈물을 흘리며 인내의 삶을 살아가는 것이 바로 부모의 참모습이다. 각박한 세상을 살아가고 있는 요즘 우리는 얼마나 부모

노릇을 잘 하면서 살아가고 있을까? 가끔 생전 처음 아들의 종아리에 생채기를 내신 내 아버지의 마음이 가늠되어 가슴 한편이 찡해온다.

   요즘 매스컴을 통하여 차마 입에 담지 못할 많은 가정폭력들을 접하게 되는데 이런 기사를 접할 때마다 오래전 없이 살아도, 부족해도, 차고 넘치던 정이 있었던 그 시절을 그리워하게 된다. 작은 일에도 쉽게 흥분하고, 가진 것에 만족할 줄 모르며, 진정 소중한 것이 무엇인지 알지 못하고, 폭력을 휘두르며 가장 가까운 이에게 씻을 수 없는 상처를 입히는 수많은 사건과 사고들. 그러한 것들이 어떤 대가로 돌아올지 알게 되면 좀 더 신중하게 삶을 살아가지 않을까. 가장 가까운 사람에게 받은 상처가 가장 크게 흔적을 남긴다는 것을 깨닫는다면 보다 더 사랑하고 배려하고 아껴줄 수 있을텐데 아쉬운 마음이 전해진다.

   오히려 그 옛날 작은 사진 한 장으로도 행복감에 부풀었던 시절이 있었던 것을 기억하고 살아갔으면 좋겠다. 그 작은 사진 속에는 사실 가족들뿐만 아니라 꿈도 있었고, 그리움도 있었으며 온종일 기다림에 가슴 넉넉해질 사랑이 있었다.

   풀 한 포기, 나무 한 그루, 그리고 방긋 웃던 내 그리운 사람들, 가끔 추억 속 앨범을 들춰보면 그 안에 그 의미로운 모든 것들이 어릴적 기억이 되어 남아있다.

> 삶의 기로에 서면
> 무엇이 소중한 것인지
> 깨닫게 된다
> 그것이 무엇일지라도!

불혹의 나이가 넘어 부르는
회한의 노래

 가끔 우리는 소중한 것들을 잃어버리고 나서야 깨닫게 된다. 몇 년 전 오래전 소꿉친구를 떠나보냈다. 아주 먼 곳으로 다시는 돌아오지 못하는 그곳으로 떠나보냈다. 그동안 뭐가 그리 바쁘다고 서로 만남의 시간을 그리도 소홀했는지… 영영 돌아오지 못할 길을 보내고 나서야 뒤늦은 후회가 밀려온다.
 녀석은 초등학교 시절 가정형편이 넉넉하지 못했던 것으로 기억한다. 그래서 도시락을 싸 오지 못하는 아이들만 전지분유와 옥수수죽을 급식으로 지급을 하던 시절이다. 지금은 영양소를 골고루 따져서 발육에 적절한 한 끼 식사를 제공하는 것이 의무가 되었지만 그 시절은 너 나 할 것 없이 배가 고프고 그나마 도시락을 싸 갈 수 있는 집은 형편이 나았다고 볼 수 있다.
 교사로 근무하셨던 아버지 덕분에 그나마 나는 도시락을 싸 갈 정도는 되었기에 급식으로 나오는 옥수수죽을 남겨서 집으로 가져가는 녀석을 이해할 수 없었다. 나는 남겨서 나중에 먹으려고 하는지 알았고 그래서 급식당번인 나는 다른 친구들 모르게

좀더 넉넉하게 챙겨 주었다. 그런 녀석은 늘 멀건 옥수수죽과 전지분유를 남겨서 가져가곤 했는데 불혹의 나이를 넘어선 후에야 그 이유를 알게 되었다.

당시 녀석은 어린 동생들이 집에 있었고 넉넉지 못한 살림살이에 간식은 꿈도 꾸지 못했고 늘 집에 있는 동생들이 마음에 걸려 조금만 먹고 나머지는 동생들에게 가져다주었다고 했다. 진작에 알았더라면 좀 더 넉넉히 챙겨줄걸…, 이미 지나간 일이다.

35년이 지난 내 나이 45살을 넘긴 후에야 그 이유를 알았고 그럼에도 불구하고 녀석은 내게 고맙다는 말을 전했다. 얼마 후 나는 녀석이 하고 있다는 부동산으로 초대를 받아서 방문하였고 제법 성공해서 부동산은 물론 신수도 훤해진 녀석을 보고 있는 내 마음이 더 흐뭇하였다. 그 오래전 이야기를 하며 연신 고맙다는 말을 전하던 그 녀석이 얼마 전 간암이라면서 쓸쓸한 소식을 전하더니 기어이 훌쩍 떠나고야 말았다. 다시 만났을 그 즈

그리운 사람들

음부터라도 자주 만나서 담소 나눌 것을, 이런 후회를 해 보지만 허공에 맴돌 뿐이다. 바쁜 일상 때문이라고 변명을 해 보지만 역시 변명은 변명일 뿐 위로가 되지 않는다.

　다른 이들도 간혹 그렇게 말하는 것들을 보곤 한다. 왜 진작에 그러하지 못했을까? 아마도 얄팍한 내 심중에 핑계같은 이유를 굳이 말하라면 처음 살아보는 삶이라 익숙하지 못하고 정답을 몰라서 그렇다고 혼잣말로 중얼거려 본다. SNS를 통해 또는 짧은 동영상과 강의 등을 통해 할 말이 있거든, 소중한 사람이 있거든 자주 만나고 표현하라고 들어왔지만 역시 들을 때뿐 실천하는 게 쉽지 않다. 그러다 보니 소꿉친구를 떠나보내고 난 후 자주 얼굴 보고 그 흔한 말 "밥 한 끼 먹자"를 실천하지 못했다는 후회를 경험하게 된다.

　녀석은 짧은 65세의 삶을 누구보다 치열하게 살고 갔다. 어렸을 때 그 어렵던 살림살이를 일으키느라 안 해 본 게 없다던 녀

석, 기어이 집을 사고 건물을 사면서 어릴 적 그 고된 삶을 보상받았으랴, 그러나 건강이 나빠지는 것을 챙기지 못한 녀석은 열심히 벌어놓은 것을 제대로 누려 보지도 못하고 떠났다. 녀석의 죽음은 어릴 적 소꿉친구들을 다시 모이게 만들었고, 그로 인하여 가끔은 서로 얼굴을 보고 옛일을 떠올리며 술 한 잔 기울이는 시간도 갖게 되었다.

정말 신기한 것이 40~50년이 지난 늙수그레한 나이에도 소꿉친구들을 만나면 어느새 어린 시절로 돌아가 목소리는 높아지고 누구의 아버지, 그리고 누구의 남편으로 살아가던 삶에서 오롯이 '나'가 될 수 있다.

솜털이 보송보송했던 그 얼굴에 변성기도 오지 않았던 그 꼬맹이 시절의 '나'로 돌아가 금방 이름을 부르고 세상 걱정은 접어 두고 메뚜기 잡던 시절을 읊조리고 물장구치고 멱감던 시절

보고싶은 친구들아!

로 돌아가 세상 시름을 잊게 한다. 언제부터인가 우리는 '나'를 잊고 살아간다. 어쩌다 문득 정신을 차리고 보면 귀밑의 머리는 하얗게 서리를 맞았고 수분이 빠져나간 이마와 눈가에는 자글자글한 주름이 늘어 거울 앞에 선 내가 낯설게 느껴지는 나이가 되었다.

그뿐만 아니라 요즘은 텔레비전의 뉴스를 보기가 두렵다. 무슨 세상에 그런 험악한 사건사고가 많은지, 부모가 자녀를 해치고, 자녀가 부모를 해치는가 하면 길 가던 사람이 아무 연고도 없는 사람들을 해치는 경우도 있다.

내가 살던 그 옛날에는 대문도 없이 활짝 열어 놓고 다녀도 아무 일도 일어나지 않았던 시절이 있었다. 자신도 배가 많이 고팠을 테고 어린 나이임에도 동생들을 위해 멀건 죽을 아껴서 가져다줄 만큼 가족들을 아끼고 동생들이 먹는 것을 기쁜 마음으로 바라보던 어린 형이 있던 그 시절이 가끔은 몹시도 그립다.

나이가 들어가면서 우리는 때로 추억을 먹고 살아간다. 정서적으로 맑은 가을 하늘같은 파란 기억들을 우리는 저 깊은 곳에서 떠올리면서 세상의 시름을 잊는다. 그래서 우리는 가끔 오래된 녀석들을 만나 알지 못하는 사이에 서로 힐링을 하고 또 가슴 가득 행복을 떠올리며 채우곤 한다. 순수했던 녀석의 어린 시절이 우리에게 과거를 돌아보게 하고 앞으로 해야 할 일들에 대하여 생각하게 하고 또 소중했던 그 무엇인가를 떠올리게 한다. 이제 우리는 주위의 소중한 것들에 대해 감사하고 또 표현하며 회한의 삶을 살아가지 않도록 경계해야 할 것이다.

친구야! 친구야! 나는 너를 떠나보내고서야 소중했던 우리의 기억, 그리고 치열하게 살아왔던 너를 이해하고 더불어 나의 소중한 것들에 대해 조금씩 알아간다. 고맙고 그리운 친구야, 이제는 치열했던 그 삶에서 벗어나 늘 평안하렴.

> 과거의 영광은
> 저절로 만들어지지 않는다
> 노력한 만큼 그 대가는
> 반드시 현실로 나타난다
> 그것이 무엇일지라도

임금님도 머물다 간 온양온천

　한국에서 가장 오래된 온천. 바로 온양온천이다. 태조·세종·세조가 질병 치료차 유숙한 온천행궁이 있었다고 전해지고 있다. '온양'이란 지명 자체가 온천 때문에 생겨난 것으로 온양은 백제시대에는 탕정군이라고도 불리었으며 조선 초기에는 온천으로 불리어오다 1442년 세종대왕이 온양 행차시 온수현을 온양군으로 승격시키며 온양이라 했다고 한다. 특히 세조가 온양행궁에 와 머무르는 동안 온양행궁 내에서 맑고 차가운 물이 나는 것을 보고 이 샘은 참으로 신비로운 샘이라 하며 세조가 직접 신정(神井)이라 이름 지어 신정비(神井碑)를 세운 것으로 세조가 세종대왕이 세운 온양행궁에 다녀갔다는 사실을 입증해 주는 중요한 자료이기도 하다.

　그랬던 온양온천은 1933년 일본인에 의해 현대식 욕탕이 들어서면서 널리 알려지기 시작했으며 개발된 온천뿐만 아니라 내가 어릴 적에는 둠벙이라고 불리는 웅덩이가 있어 맑은 물이 나오는데 겨울에도 얼지 않아 동네 아낙들은 줄지어 빨래터로 이

온양온천 신정비

온양 온천궁궐 터 기록

용하곤 했었다.

온양온천의 역사는 백제시대 이전부터 온천으로 사용되었으며 태조 5년에 임시 행궁을 지었다고 전해진다. 이후 세종 15년에 행궁을 지었으며 세조 10년에 신정을 발견하고 주필신정비를 세웠다고 한다. 이어 정조 19년에 영괴대를 축조하고 영괴대비를 세우기에 이르렀다. 고종 8년 함량당과 혜파정을 신축하고 1904년에 온양온천 주식회사가 온천을 경영하며 온양관을 신축하게 된다. 1927년 경남철도주식회사에서 인수하였으며 1956년에 온양철도호텔로 영업을 개시하였다. 1967년에 민간에게 인양되어 온양관광호텔로 변경되어 오늘날에 이르게 되었다.

나는 주 1회는 반드시 아버지와 함께 온천을 하러 갔으며 거기서 아버지는 늘 우유를 하나씩 사 주셨고 나는 그 우유를 먹는 재미에 온천으로 따라갔었다. 우유는 사실 아버지와 나만의 유일한 즐거움이자 신뢰였다. 당연히 목욕을 가면 우유를 사 주실 것을 기대했고 아버지는 기대를 저버리지 않으셨다. 그렇게

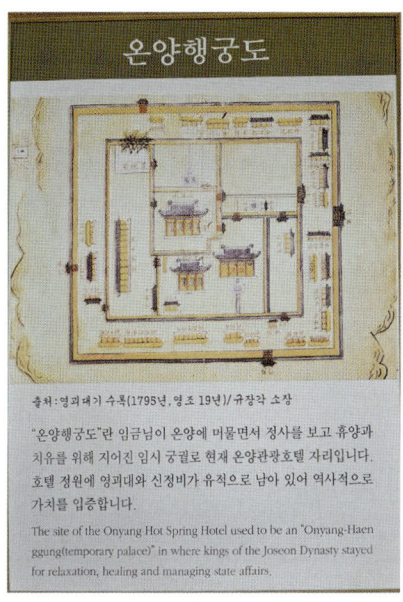
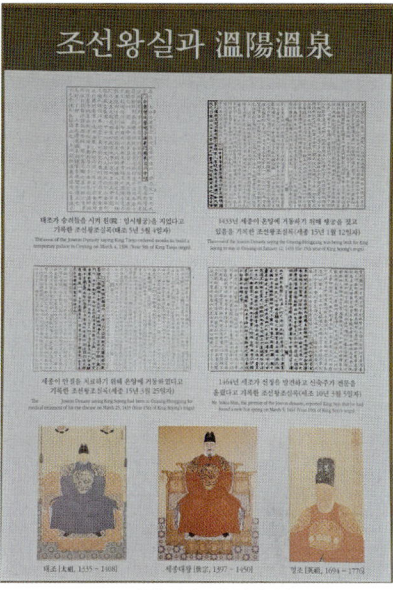

온양행궁도 　　　　　　　　조선왕실과 온양온천

우유 하나의 기억은 지금도 아버지의 사랑 표현으로서 내 머릿속에 남아있으며 훈훈한 기억으로 자리잡았다.

당시 온양온천의 물 온도는 57℃로 바로 목욕을 하지 못하고 받아서 식힌 다음 목욕이 가능했었다. 간혹 경계 없이 들어갔다가 뜨거워서 뛰쳐나오는 일도 종종 있었다. 미처 식지 않은 온천물이 온천을 즐기러 온 사람들을 당혹스럽게 했던 것이다.

지하 150m에 있는 26개의 광천에서 솟아나는 물을 160여 군데의 목욕업소에서 사용하고 있는데 고려시대에는 온수군이라 불리다 조선시대부터 온양이라 하였다는 온양온천의 온천수는 알칼리성 실리카 온천으로 질병 치료에 효과가 높아서 많은 사람들이 찾던 곳이라 역사적으로도 많은 가치가 있으며 현대를

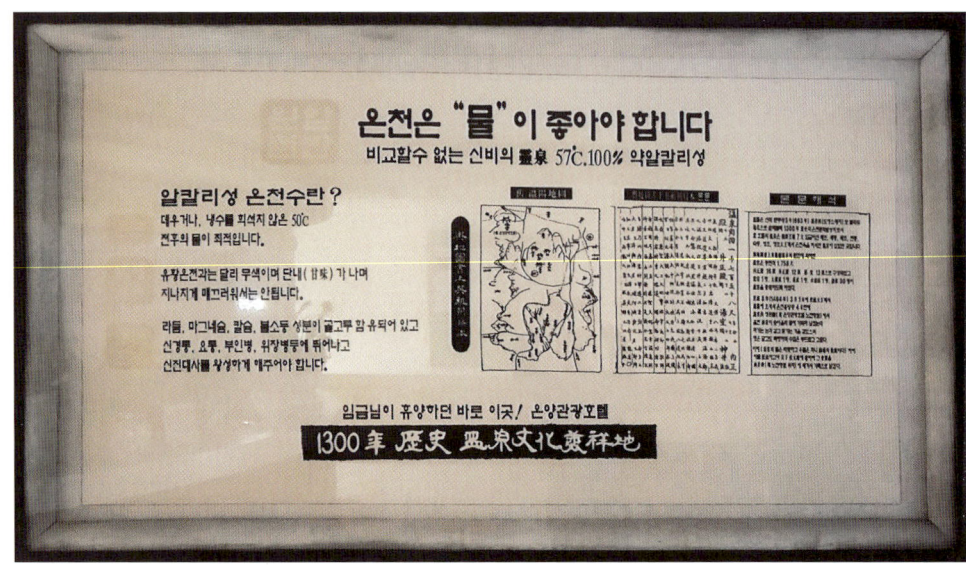

온양온천 성분 해설

살아가면서 지친 심신을 달랠 수 있는 공원화된 온천이기도 하다.

또한 가족들이 함께 가면 어른들은 온천을 즐기고 어린이들은 물놀이를 할 수 있는 온천랜드가 있을 뿐 아니라 주위 산책할 수 있는 공간도 넉넉하다. 온양온천 내에는 '영괴대'라고 하는 오래된 석불들(3개)과 커다란 느티나무와 비석이 있다. 이는 영조가 1760년에 온양의 온궁에 행차하였을 때 장헌세자가 따라와 무술은 연마하며 활을 쏘았던 장소로 이를 기념하기 위하여 만들어졌으며 느티나무는 원래 3개를 심었다고 하는데 현재 한 그루만이 온전하게 남아있다. 커다란 느티나무는 영괴대에 그늘을 만들고 든든한 온양온천의 역사를 대신하고 있다. 또한 비석은 정조가 그 사적을 기록하기 위하여 만든 것으로 '영괴대비'라고 한다. 비의 전면에 새겨진 '영괴대'는 정조의 어필이고 비의 후면에 있는 내용은 규장각 검교였던 윤염의 아들 윤행임이 썼다.[7]

석불은 신창면 지역에 파손된 것을 1927년에 거두어 옮겨놓은 것으로 정확하지는 않으나 조선 후기에 만들어진 것으로 추정된다. 영괴대와 같은 위치에 나란히 있으며 충청남도 문화유산자료이다.[8]

어린이들이 즐길 수 있는 온천랜드는 커다란 개구리의 혀가 미끄럼틀을 이루고 있어 동화같은 분위기를 연출하며 키 작은 분수

온양관과 신정관

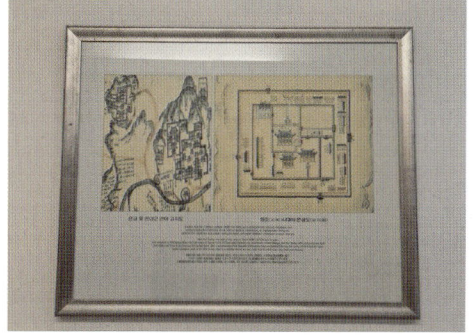

온궁 및 온양군 관아지도(좌)
정조시대의 온궁도(우)

도 어린이들이 즐길 수 있는 주요 놀이공간 중의 하나이다. 나지막한 온천수에 둥둥 떠다니는 보트를 닮은 놀잇감도 있고 물고기 형상을 한 타는 놀이기구도 있다. 워터파크와 흡사한 온천랜드의 어린이 놀이시설은 가족들의 훌륭한 놀이시설로 자리잡았다. 안전을 위한 어린이 전용의 구명조끼도 구비해 놓아 물을

---

7) 온양온천 내 영괴대 해설문(문화재자료 제228호)
8) 온양온천 내 온천리 석불 해설문(충청남도 문화유산자료)

석불

석탑

영괴대 느티나무

영괴대

무서워하는 어린이들도 안전하게 놀이를 즐길 수 있도록 하였다. 그리고 물 위를 둥둥 떠다니는 형형색색의 볼풀은 일반 볼풀장에서와 또 다른 즐거움을 선사한다. 최근 리모델링하여 어린이 놀이방과 키즈카페도 생겨서 온천을 찾는 가족들에게 더욱 많은 놀이시설을 제공하고 있으며 키즈카페에서 어린이들이 노는 동안 어른들은 휴식을 취하며 티타임을 가질 수도 있다.

　어린이 시설은 이렇게 안전과 놀거리를 제공하였고 어른들을 위한 찜질방도 매우 인기가 있는 곳 중 하나이다.

　우리는 가끔 '레트로'를 현실화시키려는 노력을 하곤 한다. 생

| 온양온천 전경 | 온천입구 |

| 온양온천 카페 | 온양온천 내 전통혼례식장 |

각했던 대로 일이 잘 풀리지 않거나 도태된다는 느낌이 들 때 한참 잘 나가던 그때를 기억하며 돌아가고자 하는 것이다. 과거를 그리워하며 그 시절의 영광을 다시 찾기 위하여 돌아가 그 기억으로 위안을 얻고 스스로를 치유하기 위하여 돌아가고자 하는 의지가 바로 '레트로'라고 하는데 무조건적인 과거로의 회상에 빠지는 것이 아니라 현대와 어우러지는 복고풍의 시대를 만들어가야 한다는 것이다.

  온양온천의 현재의 모습을 보면 과거 화려하기 그지없었던 때를 떠올리게 된다. 코로나19로 인하여 대중목욕탕이 금기되고 사람과 사람 사이 거리를 두게 되었을 때 지금의 이런 상황을

온양온천 내부　　　　　　　　온양온천 정원

예견하지는 못했다. 오래된 과거의 온양온천이 지금은 온데간데 없고 삭막함 그 자체로 주위 식당은 물론 숙박업소도 침체되어 사람의 온기를 잃어가고 있기 때문이다. 간혹 공사 현장에서 근무를 하는 근로자들이 한꺼번에 숙박하여 겨우 유지하는 곳들을 볼 수 있으며 그로 인하여 근사했던 식당들은 자꾸 설 자리를 잃어가고 있는 것이 현실이다.

　이제는 다시 과거의 영광을 위하여 그 화려했던 온양온천의 모습을 찾기 위해 조선왕실 가족의 휴양과 온천치유시설로 운영해왔던 온천행궁 복원으로 우리는 유서 깊고 풍부한 온천의 역사와 문화를 즐길 수 있는 새로운 기회를 부여해야 한다. 조선시대에 있던 최고의 왕과 왕비의 목욕시설을 복원하여 전통적인 목욕문화에 대한 체험으로 온양온천의 특별함을 찾아 더 많은 사람들이 다시 찾게 만들어 예전의 모습을 되살리기 위한 노력을 해야 한다.

  온양온천만이 가지고 있는 특별함, 질병의 치유가 있는 곳으로서 몸의 질병뿐만 아니라 이곳을 찾으면 마음의 치유까지 가능한 자연과 함께하는 온양온천. 가족의 갈등을 해결할 수 있는 특별한 곳으로서 과거의 온양온천으로 소원의 분수가 다시 힘차게 솟아오르는 그날을 위하여 좋은 아이디어를 나누고 알아가는 우리의 적극적인 참여가 필요한 시기이다. 특히 지난 2023년 10월에 있었던 산업박람회는 온천을 살리기 위한 좋은 아이디어였던 것 같다. 이렇게 조금씩 다 함께 노력한다면 온양온천의 옛 영광을 되찾는 그 날은 반드시 오고야 말 것이다.

무엇으로도 그 그리움을
채울 수도 대신할 수도 없기에
더욱 그립다

가슴으로 부르는 그 이름 어머니

 정확하게 기억은 나지 않지만 어느 크리스마스 때로 기억한다. 친구들과 나는 의미있는 시간을 보내기 위하여 밤새 놀기로 약속을 하였고 돈을 걷어 공동자금을 만들어 준비를 하기로 했다. 나는 어머니에게 돈을 달라고 했지만 어머니는 없다고 하시며 주지 않으셨다. 서운했지만 어쩔 수 없었기에 나는 놀이를 포기하고 그 모임에서 빠질 수밖에 없었다. 그때는 그게 몹시도 서운했지만 지금 생각해 보면 그 돈을 주시지 못한 어머니의 마음은 얼마나 속상하셨을지 가늠된다.
 당시 어머니는 살림살이에 필요한 비용을 할머니에게 타서 쓰셨던 것으로 기억된다. 아버지는 월급을 타시면 어머니에게 주시지 않고 할머니에게 주셨는데 대가족을 거느린 할머니는 넉넉하게 어머니에게 살림살이 비용을 주시지 못하셨을 것이다. 그래서 어머니는 농사도 지으시며 그것으로 살림살이를 이끌어 나가셨던 것으로 기억한다. 지금은 한창 부모님에게 어리광을 부릴 17살 어린 나이에 시집을 와서 시어른을 모시고 살아가야 하는 상

그리운 부모님

황이 얼마나 고단했을지 상상이 된다.

사실 아버지는 처음 어머니를 만나러 갔을 때 원래 선을 보는 대상이 아니었다고 한다. 선보는 자리가 어려워 대놓고 선을 보신 것이 아니라 이웃집 건넌방에 동네 친구들과 함께 모여있는 어머니를 보셨고 그때 친구들 속에 있는 어머니가 그렇게 착해 보였으며 또한 얼굴도 고와 눈에 쏙 들어와 보이셨다고 한다. 그렇게 어머니를 선택을 하셨고, 후에 아버지는 궁금해서 어머니를 담장 너머로 보시고 오셔서 일사천리로 혼인은 성사되었다. 막상 시집을 와 보니 8명이나 되는 대가족에 농사도 많고 아버지는 교사로 집에 계시지 않으니 그 고된 일을 도맡아 하셨다. 물론 머슴도 한 명이 있어 험한 일은 대신해 줄 수 있었지만 가사일과 농사일을 두루 신경을 쓰시며 직접적인 생활을 일궈 나갔던 것은 바로 어머니셨기 때문이다. 그러다 자녀가 생기고 12명이 되는 대가족을 건사하는 일이 결코 쉽지 않았을 터인데 어머니는 그 모든 일들을 묵묵히 헤쳐 나가셨던 것이다.

그러니 작은 용돈이나마 어머니에게는 크게 느껴지셨을테고 함부로 사용하기가 부담스럽지 않았을까 싶다. 어쨌든 어머니는 가장 사랑하셨던 아들에게 선뜻 놀이 비용을 주시지 못했고 그것은 두고두고 어머니에게 아픈 기억으로 남으셨던 것 같다.

이후 어머니는 괜찮냐며 여러 번 물으셨고 나는 아무렇지 않게 괜찮다고 대답을 했지만 반복해서 물으셨던 어머니의 심정을 이제는 이해할 수 있을 것 같다.

어렸을 때 어머니는 제법 미모가 출중했었던 것으로 기억된다. 순박해 보이는 천상 여자의 모습으로 조용하면서도 차분했던 모습이 대가족을 이끌어 가시기에는 버거워 보일 만큼 자상했다. 이런 어머니가 훌쩍 세상을 떠나시던 날 갑자기 집안에 전기가 나간 듯한 느낌, 그래서 세상이 캄캄해진 듯한 그 느낌을 잊을 수가 없다. 사랑하는 사람, 나를 세상에서 둘도 없이 아껴주시던 사람이 이제 이 세상에 없다고 생각하니 불 꺼진 방 안처럼 아무것도 남아 있지 않은 듯했다. 2012년 10월 21일이었으니 벌써 11년이 지났다. 강산이 한 번 변했다는 그 10년 세월이 지났지만 아직도 생생한 그 기억들은 하나도 지워지지 않고 그대로 각인이 된 듯하다.

대부분의 사람들에게 '어머니'라는 존재는 나처럼 마음속 깊이 남아서 삶의 따뜻한 기운으로 존재한다. 때로는 어렵고 힘들 때 혹은 너무나도 기쁜 일들이 생겼을 때 그 이후로도 시시때때로 어머니는 살아서도 죽어서도 늘 자녀들의 울타리가 되어 살아 숨쉬고 있다는 것이다.

가끔은 꿈속에서라도 보고 싶을 만큼 그리운데 자주 나타나 주시지 않는다. 함박웃음을 지으며 한 번쯤 내게 나타나 주시면 좋은 일이 생길 법도 하고 또 안 풀리던 일이 잘 풀릴 듯도 하고 어쨌든 어머니는 그렇게 마냥 그리운 존재이다.

친구들 중에는 아직 부모님이 생존해 계시는 녀석들도 있다. 어찌나 부러운지, 특히 어버이날이 되면 그 그리움은 더욱 커지는데 꽃을 달아드리고 싶으나 계시지 않으니 그날 만큼은 우울한 마음에 눈시울이 뜨거워진다. 내가 어버이가 되어 보니 어버이 노릇을 하는 것이 얼마나 어려운지 알게 되었고 어머니 품이 마냥 좋았던 그 어린 시절이 꿈결처럼 느껴진다.

　부모님의 손때가 묻은 물건들이 간혹 눈에 보이면 그와 관련된 작은 사건들도 잇달아 생각이 난다. 낡은 앨범을 뒤적거릴 때, 함께 걸었던 시장 골목길, 그리고 특별한 날이 되면 어김없이 어머니의 그리움은 문득문득 가슴을 후벼 파고 저 밑바닥부터 스멀스멀 올라오는 오래된 기억들. 그리고 어느새 나는 내 어머니가 하셨던 그런 마음을 내리사랑하고 있다는 것을 깨달았다. 이제는 아이들을 결혼도 시키고 어버이가 되고 보니 더욱 사무치게 그리운 내 어머니. 결혼해 일가를 이루고 떠난 자식의 빈방을 들여다보며 가슴 먹먹해질 때 내 어머니 또한 그러했을 것이다. 식구들과 식사를 하다가 특별식을 먹게 되었을 때 내 어머니는 나를 생각하셨겠지, 이제 내가 그런 시간들을 보내며 가장 평범한 일상생활에서 그렇게 어머니는 또 내 생각을 하셨을 것이다. 나 역시 얼마 전 딸을 결혼시켜 살림살이를 분가시켜 놓고 보니 맛있는 반찬 하나, 날이 좋으면 날이 좋아서, 또 비가 오거나 춥거나 혹은 아주 많이 더워도 눈앞에 보이지 않는 자식은 그냥 염려가 끊이질 않으니 10여 년 전 세상을 등지기 전까지도 아마 내 어머니는 늘 내가 걱정이셨을 것이다.

　오늘은 유난히 날씨가 쌀쌀하다. 차가운 날씨에 어머니와 함께 나눠 마시던 시장 골목길의 뜨끈한 어묵국 한 사발이 생각난다.

어머니

김진구

나는 그분의 전부였다
속을 다 드러내놓아도 아깝지 않는
그분의 모든 것이
바로 나였다

못난 내 모습도
최고인 듯 보이고
실수투성이였어도
애썼다며 미소지어주던
그분의 전부였던 나는
아직도 그 속내를 다 알지 못하는
부족한 아들이다

그럼에도 불구하고
한없는 그 사랑을
마음껏 말하지 못한 것을
이제야 쏟아놓는다
사랑합니다
어머니가 제게 주신 그 사랑처럼
오늘도 나는 어머니가 그립습니다

세월이 갈수록 그 사랑은 깊어만 갑니다
불혹의 나이에 부르는 어머니는
그립고 아프기만 합니다

> 변화가 필요할 때
> 가장 필요한 것은 바로
> '나' 자신의 변화이다

변화를 위한 트렌드에 맞추다

하얀색 담벼락이 줄지어 서 있고 맛집들이 즐비하며 젊은 MZ세대들이 많이 찾는 아산의 새로운 도시가 있다면 바로 지중해 마을이다. 마치 유럽 어딘가를 찾아온 듯한 작은 마을에 이국적인 분위기를 한껏 발하는 이곳에는 일부는 프랑스 남동부 프로방스 풍으로 꾸몄으며 일부는 그리스 에게해의 화산섬 산토리니가 모델이라고 전하며, 붉거나 혹은 파란색 지붕이 하얀 벽들과 어우러져 화사하며 모두 66동의 건물로 이루어져 있다. 각각의 건물마다 엔타시스 양식의 돌기둥이 이어져 있으며 밤이 되면 작은 전구로 장식하여 반짝이는 거리가 더욱 매혹적이다. 그에 걸맞게 가게들도 감성적으로 꾸며져 MZ세대들에게 잘 맞는 도시이다.

사실 이곳은 얼마 전까지만 해도 특별할 것도 없는 논밭으로 포도밭을 일구고 살아가던 원주민들이 갈 곳을 잃게 되었고 상실감과 함께 외롭고 긴 시간을 보내다가 마을을 떠난 사람들도 있었지만 63명의 원주민들은 이곳에 재정착하기로 마음을 먹었

고 10여 년의 노력 끝에 이곳에 자신들의 삶을 다시 설계할 수 있게 되었다. 오랜 기간 함께해 온 마을 사람들은 개별적으로 움직이지 않고 함께 대책을 마련해 나가면서 2013년 5월 봄, 지중해 마을이 원주민들에 의하여 탄생하게 되었다. 이곳은 프로방스, 파르테논, 산토리니 양식의 세 가지 테마로 마을의 이미지를 조성하였다.

  마을 입구에 보이는 파르테논 건물은 고급스러운 자태로 관광객들을 맞이하고 있으며 파르테논은 패션거리, 산토리니는 공방과 카페가 있는 예술문화거리, 프로방스는 뷰티&식음료 거리로

지중해 마을

계획하고 그 목적에 맞게 건물 내부 및 외부의 이미지가 조성되었다. 이 마을의 모토는 '치유와 쉼'을 담고 있으며 포도밭이 있던 마을의 따뜻한 인심과 느리지만 꿋꿋한 이곳 사람들의 마음을 담았으며 블록과 블록 사이의 골목길까지 정성을 담아 조성하였다.9)

---

9) 지중해마을 현판 해설문

지중해 공원

   황량했던 이곳의 주위에 아파트가 하나둘씩 들어서고 업체들이 들어오면서 주위 환경이 변화하기 시작하였고 특히 대학교도 있는 곳이어서 아산을 대표하는 하나의 관광지로 자리 잡을 수 있었던 것 같다. 특히 이곳은 맛집과 예쁜 카페가 많아 연인들의 데이트 코스로도 많이 활용되고 있다.

   근처 멀지 않은 곳에 은행나무 거리가 있고 역사가 살아 숨 쉬는 곳 현충사가 있기에 산책 후 여기서 끼니를 해결하고 티타임도 할 수 있어 하루종일 주변을 돌아보고 저녁이 되면 아름다운 조명 아래 식사를 할 수 있으며 특히 한식은 물론 파스타, 낙지볶음 등 다양한 메뉴를 골라 먹을 수 있는 곳이기도 하다.

   얼마 전 나는 지인과 함께 업무를 보고 저녁을 먹을 기회가 있어 들렀다.

   공영 주차장에 주차를 하고 주꾸미 볶음을 먹으러 들어갔는데 이른 저녁이라 다행히 거리가 내다보이는 창가에 자리를 잡을 수 있었다. 그런데 잠시 후 많은 사람들이 몰려오기 시작하는데

지중해 마을 부엉이들

가족은 물론 젊은 직장인들과 학생 등 금세 우리가 있는 식당은 만원이 되었다. 조금만 늦었더라면 우리도 밖에서 대기자 명단으로 기다릴 뻔했다는 안도감이 들었다.

음식은 적절한 매운맛을 선택할 수 있었고 대패삼겹살과 매콤한 주꾸미는 입맛을 돋울 뿐만 아니라 남은 양념으로 밥을 볶아 먹었는데 하나도 남기지 않고 깔끔하게 먹을 정도로 맛있었다. 근처에는 외국인 근로자들도 제법 많아서 그 욕구에 맞도록 적절한 식단으로 한상 차림이 되었고 한식과 양식을 살짝 섞은 듯한 식단은 외국인 근로자들에게도 인기가 높은 것 같았다. 식사 중에 돌아보니 외국인 학생, 그리고 근로자 등 다양한 손님들이 식사를 하거나 혹은 기다리면서 담소를 나누고 있었다.

우리 아산은 특히 대기업이 들어서면서 많은 외국인 근로자들이 유입되기 시작했다. 그뿐만 아니라 대학교에서도 국제적으로 교류학습을 하는 곳이 많아서 외국인 학생들도 많아졌다.

이런 시기에 아산에서 유럽풍의 작은 마을을 만들고 이국적인 분위기를 만들어 주고 입맛에 맞는 음식을 제공할 수 있는 기회를 부여하는 것은 아산의 새로운 변화의 시작이다. 외국인 학생들이 고향을 생각하며 한 번쯤 들러 마음의 평안을 얻고 고향의 맛을 느낄 수 있는 이곳은 그들의 고향이 되기도 하는 것이다. 고향을 떠나 먼 타국에서의 생활은 외롭고 소외감을 느낄 수 있지만 지중해 마을로 인하여 조금은 그들이 고향의 향기를 느낄 수 있도록 한 것은 기업체와 학교 등으로 인하여 변화되는 트렌드에 맞춘 시도로 볼 수 있다.

변화에 있어서는 사회적인 변화도 중요하지만 개인적인 변화도 필요하다. 사회적인 트렌드를 맞추어 '나' 자신이 변화해야 하는 것은 알고 있지만 쉽지 않은 것이 현실이다. 세상을 보는 시야를 넓히고 흐름에 따라 다문화를 우리 지역의 한 부분으로 인식하고 글로벌한 세상으로 나아갈 줄 아는 것이야말로 변화를 인정하는 것이 아닐까!

오래 전 우리나라는 쇄국정책을 실시한 시대가 있었다. 그러나 지금은 세상이 달라졌다. 다양한 민족이 살아가는 세상으로 다국적인 기업과 학교로 나아가고 있기에 그에 발맞추어 다양한 서로의 문화를 받아들이고 인정함으로써 더 많은 기업과 학교에 인재들을 등용하고 발굴하여 지역사회의 한 장으로 함께 나아가는 세월의 변화를 도모해야 한다. 세상을 바라보는 마음

지중해 마을 이야기

을 바르게 하고 그에 맞는 생각으로 또한 행동으로 함께 한다면 변화를 위한 아산의 흐름에 협력하는 모습으로 함께 할 수 있을 것이다.

새로운 도약을 위한 변화를 시도한 곳으로 색다른 분위기를 연출하는 지중해 마을은 공영 주차장을 새로이 만들고 더 많은 사람들이 찾을 수 있는 곳으로 준비하고 있다.

날씨 좋은 어느 날 가족들과 나들이 장소로 한 번쯤 찾아 하루의 쉼과 아름다운 추억을 만들어 보자.

누구에게나 뿌리는 있다
다만 묻어 둘 뿐

우리 것은 좋은 것이야!

 오래전 국악에 푹 빠졌던 적이 있었다. 지금도 문득 생각해 보면 참 좋았던 시절이었던 것을 나는 고백한다. 사람들이 모이는 모든 곳에는 조직이 형성되기 마련이다. 내가 국악에 흠뻑 젖어서 우리 것을 찾고 노래할 때 그곳에도 많은 사람들이 있었고 그분들 역시 우리 것을 찾으며 알리는 역할을 하고 있었다. 그때의 내 모습은 마치 우리 가락에 마음을 빼앗기고 흠뻑 취한 모습이라고 할까? 사람이 술에 취하면 그런 모습일거라고 생각한다. 몰입한 모습으로 부르던 '진도아리랑', '달타령', '영남가락' 풍물에 맞추어 장단을 맞추던 장구채는 어느 순간 우리의 뿌리를 찾고 온몸은 우리 것에 대한 자연스러운 울림으로 자리잡았다. 나는 내가 할 수 있는 모든 것들을 통해 그분들이 우리 것을 정착시키고 알리는 활동에 참여하였다.
 그리고 나 역시 우리 것을 알리는 활동에 깊이 빠져들게 되었다. 후원자들을 알아봐주고 연계하였다. 어느 날, 공연을 마치고 돌아오던 휴게소에서 우리는 그 여운을 이기지 못해 다시 한번

판을 벌였다. 그날은 사실 국악경연대회를 했던 날이기도 하다. 우리의 열정은 우승하기에 이르렀고 그 행복했던 기분을 휴게소에서 진도아리랑으로 풀어내었다. 누가 먼저라고 할 것도 없이!

진도아리랑

아리아리랑, 쓰리쓰리랑 아라리가 났네
아리랑 응 응 응 아라리가 났네
문경 새재는 왠 고갠가
구부야 구부 구부가 눈물이로다.
아리 아리랑 쓰리 쓰리랑 아라리가 났네

풍물놀이

아리랑 응응응 아라리가 났네
약산 동대 진달래 꽃은
한송이만 피어도 모두 따라 피네
아리 아리랑 쓰리 쓰리랑 아라리가 났네
아리랑 응응응 아라리가 났네
나 돌아간다 내가 돌아간다
떨떨거리고 내가 돌아간다
아리 아리랑 쓰리 쓰리랑 아라리가 났네
아리랑 응응응 아라리가 났네

　사랑하는 님을 떠난다는 의미를 품고 있는 진도아리랑의 기원은 여러 가지가 있는데 대원군의 경복궁 중건 때 고생하는 민중들의 괴로운 말을 듣고 싶지 않아 차라리 귀가 먹었으면 좋겠다고 하는 설과, 밀양 영남루의 아랑낭자의 억울한 죽음을 애도했다는 설, 신라의 박혁거세의 아내 알영부인을 찬미한 말에서 변했다는 설도 있다. 확실한 근거는 없지만 애절한 마음이 서려있다는 것은 사실이다. 그럼에도 불구하고 신나는 가락으로 풀어낸 것은 '희망'을 안고 살아가는 민중들의 마음을 읽을 수가 있다. 아리랑은 진도아리랑 뿐만 아니라 정선아리랑, 밀양아리랑 등 우리나라를 대표하는 아리랑으로 많은 사람들의 일상에 녹아있다.

　나라마다 그 나라의 민족성을 대표하는 노래들이 있다. 특히

아산 시장기 풍물놀이 시상식

고난을 겪었던 과거가 있는 나라들에게는 더욱 그렇다. 우리나라는 과거 일제 강점기를 겪으며 민족성을 잃어가고 있을 때 구두로 전해지는 국악들이 바로 그러하다. 아리랑은 세계에서 가장 아름다운 곡 1위에 선정된 바 있으며 영국, 미국, 프랑스, 독일, 이탈리아 작곡가들로 구성된 '세계 최우수 곡 선정대회'에서 82%라는 높은 지지율로 1위에 올랐다. 특히 선정단에는 한국인이 단 1명도 없었다는 것에 놀라게 했다. 따라서 우리의 '아리랑'은 우리의 민족성과 얼을 내포하고 있으며 참 나를 깨달아 인간 완성에 이르는 기쁨을 노래한 깨달음의 노래로도 알려져 있다는 것은 많은 사람이 알지 못하는 사실이다. '아리랑'의 의미를 풀어보면 다음과 같다.

아리랑 유네스코 인류무형유산 등재

　'아'는 참된 '나'를 의미한다. '리'는 알다, 다스리다, 통한다는 뜻을 내포하고 있다. '랑'은 즐겁다, 다스리다라는 의미이다. 얼마나 깊은 의미를 품고 있는가? '참된 나를 찾는 즐거움'이라는 의미를 갖고 있으며 또한 '희망'을 노래한 아리랑은 깨달음의 언덕을 넘어간다. 즉, 깨달음을 얻지 못하면 고통의 나날들을 이어가지만 깨달음을 얻음으로써 그 고통에서 벗어나 진정한 진리의 세계에 나아갈 수 있다는 것을 의미한다.[10]

　'우리의 것' 얼마나 지혜로운 노래인가? 이렇게 깊은 의미가 담겨있는 우리의 노래를 우리가 부르며 널리 알리는 것은 우리의 뿌리를 찾는 것일 뿐만 아니라 지켜가는 것이다. '진도아리랑'은 강원 정선아리랑, 경남 밀양아리랑과 함께 우리나라를 대표하는 3대 아리랑 중 하나이며 무형문화재 제64호로 지정되었

---

10) 천공정법 12798장, 2023.2.17.

풍물놀이

다. 또한 아리랑은 그 가치를 인정받아 2012년 12월 유네스코 인류무형문화유산으로 등재됨에 이어 2015년 9월 국가무형문화재로 지정되며 지역별 문화적 정체성을 지니고 있다.

진도아리랑은 남도 지방의 전통 음악 선율인 '육자배기'를 기본으로 한국의 민요 및 남도민요의 정수를 보여준다. 전통성과 예술성이 높아 보존·전승 가치를 인정받았다.[11]

오래전 우리는 일제 강점기를 보내며 총칼 아래 식민지가 되어 소중한 많은 사람들이 죽고 다치며 말과 글을 잃어버리는 시기를 보냈다. 지금도 그 흔적은 역사적으로 얼마든지 찾을 수 있다. 그런데 지금의 우리는 어떠한가? 과거를 점점 잊어가며 우리의 것 또한 잊혀가고 있다는 것을 자각하고 있는가?

"역사를 잊은 민족에게 미래는 없다"라고 누군가가 말하였다.

---

11) 『우리일보』, 2022.7.21.

우리가 지금은 독립되어 대한민국이라는 국가로 살아가고 있지만 우리에게는 분명히 아프고 슬픈 과거가 있었다. 앞으로 총, 칼로 짓밟히는 일은 없겠지만 문화로 우리나라의 민족성이 사라질 수도 있다는 것을 기억하자. 우리는 분명히 우리의 것을 기억하고 또한 계승해 나가야 한다. 그래야 우리의 민족성을 기억하고 얼을 이어갈 수 있을 것이다. 앞으로 우리가 살아가는 세상은 다양한 나라와 어울려 살아가는 다문화가 정착될 가능성이 많지만 그럴수록 우리의 것을 잊지 않고 살아가며 계승하는 것은 우리의 몫이며 우리의 후손에게 물려줄 하나의 유산이다.

이제 우리는 문화적인 부분에서 우리의 것을 찾고 다 함께 그 명맥을 이어가는 것에 시간과 노력을 투자해야 한다. 아직도 나는 그날 그 휴게소에서 우리를 하나로 만들었던 것을 기억한다. 단지 한 곡의 민요일 뿐이었는데 그날 우리는 하나가 되었고 그 여운은 오랜 시간이 흐른 지금도 흐뭇한 미소를 자아낼 만큼 행복했던 것으로 기억된다. 여러분들도 마음속에 우리의 민족성을 담고 있는 아리랑 한 구절쯤 품고 살아가길 바란다.

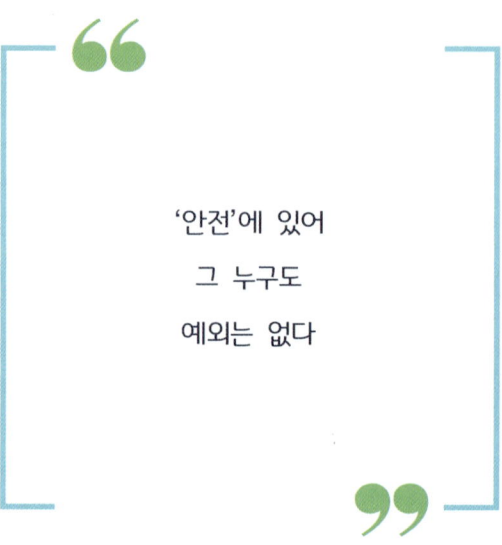

'안전'에 있어
그 누구도
예외는 없다

누구나 살다보면 위기는 있다

아마도 최근 가장 이슈가 되는 단어가 있다면 바로 '안전'일 것이다. 건축사가 본업인 나에게도 건축 현장과 연계되어 근무하던 시절이 있었다. 지금도 건축 현장과 분리되어 살아가지는 못하지만 그때는 직접 현장에 근무하며 직접적인 업무를 할 때였는데 자칫 잘못하였으면 유명을 달리할 뻔한 적이 있다. 지금 생각해도 아찔했던 그 기억을 더듬어 보면 최근 연이어 보도되고 있는 중대재해처벌법과 무관하지 않다.

주임이라는 직책으로 근무할 당시였는데 공사 현장에서 업무를 보며 지나가고 있었는데 순간 내 위치에서 왼쪽으로 약 30cm 지점에 어떤 물체가 떨어졌다. 순간 심장이 멈출 만큼 놀랐으며 동행하던 직원도 기겁을 하였다. 35층 높이에서 떨어진 그 물체는 볼트 구멍을 맞추는 공구로 흔히 공사 현장에서는 '시누'라고 불리는 도구인데 도구 전체가 쇠로 이루어져 있으며 25cm 정도이고 끝은 뾰족하게 생겨서 모습만 봐도 흉기 자체로 여겨질 만큼 위협적인 도구이다.

그것에 그대로 맞았더라면 아마도 나는 지금 이렇게 살아있지 못할 것이다. 깜짝 놀란 우리는 위를 올려다봤지만 아무도 자리에 없었다. 누군지 정확하게 알수 없었기에 전체적으로 안전교육을 시켰던 것으로 기억한다.

오랜 시간이 흘렀지만 그때의 기억은 소름 돋을 만큼 아찔하다. 최근 중대재해처벌법이 제정되고 안전에 대한 인지도가 많이 높아졌지만 중대재해는 여전히 많이 발생하고 있는 실정이다.

사실 돌아보면 대부분의 사고들이 예방 가능했던 것들임을 우리는 알고 있다. 내가 겪었던 그 사고의 원인도 도구를 사용하면서 분리되지 않도록 대비를 했더라면, 그 아래 그물망을 설치했더라면, 그리고 아래도 보행자 통로를 만들어 지나가지 않았더라면 하는 등 다양한 예방과 대비가 가능한데 우리는 그것을 소홀히 하여 소중한 생명을 잃어버리게 되는 것이다.

항상 우리는 '기본을 지켜야 한다'고 말한다. 거기서 그치지 않고 그 기본을 잘 지키고 있는지 돌아보고 중대재해를 감소시키는데 우리가 적극적으로 참여해야 한다. '나'는 아닐 것이라는 안일한 생각과 '나'만 괜찮으면 된다는 무책임한 관리로 인하여 누군가의 소중한 가족이 함께 하지 못하고 사망에 이르게 되는 안전사고는 누구도 예외일 수 없고 대비가 부족하면 누구도 피해갈 수 없다는 것을 깨달아야 한다.

'안전사고'에 대한 대비와 예방을 위하여 국가에서는 다양한 방법으로 교육 및 대비책을 제시하고 있다. 그러나 아무리 좋은 제도와 예방 방법이라고 하더라도 '나' 자신이 지키지 않는다면

옛 기억을 되새기며

결국 그 사고의 대상은 '나 자신'이 되고 말 것이다. 안전에 대한 문화를 정착시키고 소중한 생명을 지키고 보호하는데 있어 순서는 없으며 나와 내 가족이라는 생각으로 대비하는 자세야말로 안전문화 정착에 앞장서는 모습일 것이다.

나는 얼마 전 텔레비전을 통하여 30대 여직원이 약 4톤 정도의 무게에 무참하게 깔려 한 가족이 처참하게 무너지는 것을 본 적이 있다. 지게차에 있어 전방시야 확보, 신호수의 안전지시, 경광등, 지게차 운행경로 확보 등 기본적인 규칙이 있다. 그 사고에 있어 시야 확보가 되지 않을 만큼 꽉 막힐 정도로 높게 실은 짐으로 인하여 앞에 가는 사람을 볼 수 없었고, 신호수가 없어 안전지시를 전달받을 수 없었다. 그뿐만 아니라 지게차가 다니는 운행 경로와 보행자의 경로가 구분되지 않았던 것이다.

이렇게 가장 기본적인 규칙이 무시되면서 진행되었던 그 작업은 결국 한가족의 미래를 무참하게 무너뜨렸고 한 가정의 아내이자 두 아이의 어머니였던 그 여직원은 오랜 시간을 병원 신세

안전을 위한 현장점검

를 져야 했으며 내부장기의 다수 파열과 절제술, 갈비뼈가 13개나 부러졌으며, 척추 골절, 고관절과 어깨뼈 골절 등 다양한 신체적 기능 손상으로 미래가 불확실하게 되었다. 텔레비전에서 영상을 보고 있노라니 새삼 내가 겪었던 순간의 아찔했던 경험이 떠오르며 살아있음에 감사하고 사고를 당한 분이 하루빨리 회복해서 가족들이 다시 예전처럼 행복한 삶을 영위해 나갈 수 있기를 고개 숙여 기도하였다.

안전사고에 있어 순식간에 벌어지는 이러한 상황은 사고를 당한 사람이나 가족들에게는 돌이킬 수 없는 상처이며 또한 좌절로 남는다. 위에서 언급하였다시피 단 한 명의 신호수만 있었더라도…. 시야를 확보할 수 있는 정도의 높이로 짐을 실었더라도 이러한 사고는 발생하지 않았을 것이다. 그럼에도 불구하고 살아남았으니 그나마 또 다행이라고 해야할까!

사망자 현황을 보면 그 명단에 포함되지 않았지만 일평생 두고두고 정상적인 삶을 살지 못하는 안전사고도 무수히 많다. 더 마음이 아픈 건 그러한 사고에도 불구하고 퇴직금 지급 기준일을 하루 앞두고 해고 통지를 받거나 죗값을 제대로 받지 못하는 상황이 유가족들을 더욱 아프고 힘들게 한다는 것이다. 무엇보다 중요한 것은 안전사고가 발생하지 않도록 하는 것이지만 부득이하게 사고가 발생하였다면 올바르고 적극적인 대책으로 유가족 또는 사고자와 가족들을 위한 제도적 뒷받침이 필요할 것이다.

  아침에 출근하면서 "다녀올게"라는 약속을 잘 지킬 수 있도록 안전하고 행복한 일터가 되도록 우리 모두 노력해야 할 것이다.

안전교육

> 작은 것에 감사하는 날
> 그리고
> 뜨겁게 타오르는 열정과
> 마음속 깊이 묻어나는 진실

열정이 가득했던 그날의 추억

2013년 4월 23일. 참으로 의미 있는 상을 받게 되었다. 바로 아산시장애인복지관에서 받은 감사장이었는데 이는 장애인 체육진흥지원에 관한 조례(2012.8.)를 통하여 장애인들을 위한 체육활동 장려와 활성화를 위해 노력했던 작은 나의 소망이 실현되었기 때문이다.

그동안은 장애인들의 체육대회라는 것은 사실 현실적이지 못할 뿐 아니라 혹시라도 안전사고에 문제가 생길까 봐 선뜻 먼저 나서는 사람이 없었다. 장애인들이 어떤 활동을 하기 위해서는 봉사자가 필요했고 무엇보다 다치기라도 하면 책임의 소지가 있기에 무리한 제도를 만들어 사고에 휘말리기를 원하지 않았기 때문이다. 어떻게 보면 장애인들의 체육대회는 다소 모험일 수도 있었을테지만 그 무모함에도 나는 장애인들도 일반인들과 같이 할 수 있다는 것을 보여주고 싶었고 또한 하고 싶어 하는 욕구를 알고 있었기에 조례를 발의하기에 이르렀다.

그리고 마침내 2013년 4월 23일 제1회 장애인체육대회가 개

최되었다. 휠체어 농구대회, 탁구대회, 컬링대회 등 다양한 체육 활동이 실시되었으며 가장 중요한 것은 안전하게 잘 마무리되었다는 것이다. 첫 대회라 인원은 약 70~80명 정도였지만 뜨거운 열의 만큼은 올림픽에 뒤지지 않을 만큼 열정적이었다. 시작할 때는 '혹시라도 안전사고가 발생하면 어떻게 하지?'라는 걱정이 있었지만 많은 자원봉사자들의 참여와 행사를 진행한 이들의 철저한 준비로 끝까지 잘 마쳤다.

그 명맥이 이어져 2024년에는 약 300여 명의 참석자를 이끌어낼 만큼 활성화되었다.

우리는 가끔 장애인들은 모든 것을 다 해주어야 한다고 생각을 하기도 한다. 그러나 장애인들도 많은 부분을 스스로 할 수 있으며 또한 할 수 있는 능력이 있다. 또한 욕구도 커서 일반인들 못지않게 열정적으로 참여하는 것을 깨달아야 한다. 다만 어려워하는 부분을 조금씩 도와주며 함께 나아가는 것이다. 대부분 사람들은 안경을 끼고 있으면서도 그것이 장애로 인한 보조기구라는 것을 알지 못한다. 아니, 깨닫지 못한다는 것이 맞는 표현일 것이다. 시력이 좋지 않으면 안경을 끼듯이 걷는 것이 불편하면 목발을 짚거나 휠체어를 이용하게 되는 것이다. 또한 청력이 손실되었을 때 우리는 보청기를 착용하며 손·발이 불편할 때 보조기를 착용하여 일상생활에 불편함이 없도록 활용하게 되는 것이다.

이러한 의미로 볼 때 '장애인'은 누구한테나 있을 수 있는 가벼운 혹은 좀 더 무거운 신체의 일부분이 달라지는 것이다. 이미 태어날 때부터 장애를 갖고 태어

아산시장애인복지관 감사패

나기도 하지만 많은 사람들이 사고나 또는 다양한 질병 등으로 장애를 갖게 되는 경우를 보게 된다. 그렇다면 우리는 과연 안전한가? 언제 어느 때 어떻게 우리도 장애인이 될지도 모르는 삶을 살아가고 있다는 것이다. 이른 아침 집을 나서면서 안전하게 혹은 건강하게 다시 집으로 돌아올 가능성은 과연 얼마나 있는 것인가? 그래서 누군가 '모든 사람들이 잠재적 장애인'이라고 말했던 것을 기억한다.

평소에 건강에 자신이 있다 하더라도 주위 환경에서 안전에 무방비로 노출이 된 세상을 살아가는 우리는 안전에 대하여 누구도 자유로울 수 없는 것이다. 운전을 하면서도 내가 아무리 안전하게 규칙을 잘 지키며 가더라도 상대방이 졸음운전이나 전방주시 태만으로 와서 부딪힌다면 삶은 순식간에 바뀔 수 있는 것이기 때문이다. 그렇기 때문에 우리는 조금 더 장애인의 입장에서 건축물을 만들고 도시를 변화시키며 공원도 함께 살아갈 수 있는 편리함을 갖춰야 한다.

조금만 잘 보이지 않아도 얼마나 힘들고 불편하던가? 그럴 때 안경을 착용하면 마치 더러워진 유리창을 깨끗하게 닦아놓은 다음 세상을 바라볼 때의 청명함이 느껴지는 것처럼 건물에도 도로에도 그리고 공원 등에도 그들의 이야기에 귀를 기울이고 함께 공존할 수 있는 변화를 적극적으로 실천하는 자세가 필요하다.

돌아보면 어려운 시기에 또한 누구도 시도하지 않았던 일들을 나는 26가지나 실현해왔으며 급기야 2014년 최다조례 발의상을 받았다. 무엇보다 중요한 것은 그 어느 것 하나 진심이 아니었던 것이 없었다는 것이다. 그 마음을 담아 진심 어린 제도를 만들었고 그 열매로 오늘날 장애인 체육대회는 지속적으로 이어져 오고 있으며 인식의 변화, 주변의 변화, 그리고 함께 더불어 살아가는 삶으로 변화되고 있다는 점이다.

우리는 때로 진심이 아닌 모습으로 살아갈 때가 종종 있지만 대중을 위한 나의 마음에는 진심을 가득 담은 제도적 변화였다는 것을 이제는 말할 수 있다.

이러한 변화 속에서 우리는 새로운 삶을 추구하며 더 나은 미래를 꿈꿀 수 있다는 것을 다시 한번 강조해 본다.

> 잊을 수 있는 것도 축복이다
> 비운만큼 채워지는 술잔처럼
> 우리의 가슴도 비워야 채워진다
> 이제 척박한 내 가슴에
> 따스함을 불어넣자

나이를 먹는다는 것은
익숙해진다는 것을 의미한다

　누군가 나에게 다시 젊은 날로 돌아갈거냐고 묻는다면 선뜻 그에 대한 답을 하기는 쉽지 않을 것 같다. 여태 많은 실수와 넘어짐이 있었기에 그 쓰라린 고통을 다시 겪어야 하나 싶기에 선뜻 그에 대한 답을 하기는 어려울 것 같다. 사실 젊어진다는 것은 다시 기회가 주어진다는 것을 의미하며 신체적인 조건도 다시 건강해진다는 것을 의미한다.

　그뿐만 아니라 새로운 꿈과 비전을 갖고 하고 싶었던 것을 시작할 수 있다면 당연히 돌아가고 싶은 것이 당연하지만 한편으로는 실패했던 경험들, 어려운 문제를 익히고 습득해야 하는 것들은 다시 반복하고 싶은 생각은 없다. 양가감정이 있는 것이 사실이지만 지금처럼 익숙한 것이 자유로울 때도 있기 때문에 더욱 다시 젊어지는 것이 무조건 반갑지는 않다는 것이다.

　우리나라는 급격하게 고령사회로 변화되었다. 나의 고향 아산도 예외는 아니다. 2024년 4월 아산시 주민등록인구수에 따르면 총인구 350,535명 중 고령 인구는 50,866명으로 초고령화율은

14.51%이다. 무엇보다도 이들의 일상생활에서의 도움의 손길이 절실히 필요하다는 것이다. 특히 충청권 중앙노인보호전문기관에서 발표한 자료에 의하면 노인학대의 증가세는 10년 사이 2배 가까이 늘어났다고 한다. 모든 부모님들이 다들 그러하겠지만 자녀에게 부당한 대우를 받아도 외부에 알리기를 꺼려하는 것이 현실이다. 우리 민족의 특성상 자녀의 잘못은 곧 부모인 자신의 잘못이라고 생각하며 자녀의 허물을 외부에 알리기보다는 스스로 감내하고 감추는 것이 우리나라 부모님들의 모습이다.

　오래전 병원에 근무하는 친구로부터 들은 얘기이다. 어느 날 할머니 한 분이 온몸에 멍이 들고 눈도 시퍼렇게 멍이 든 채 병원을 내방했는데 시종일관 침대에서 떨어져서 든 멍이라고 했단다. 생각보다 상태는 심각했고 X-ray를 촬영한 결과 흉부 쪽 갈비뼈 2개가 골절되었고 전신에 타박상에 통증을 호소하였다고 한다. 분명히 다른 이유가 있을 거라고 직감한 친구는 간호사에게 간식을 제공하며 수액을 하나 놔주라고 한 뒤 조심스럽게 다시 물어보았는데 이유인즉 다음과 같다.

　할머니는 지하철역 근처에서 노점을 하면서 곡식과 야채 등 소소한 것들을 팔면서 손주들을 키우고 있으며 이 손주들은 작은아들의 자녀들인데 수년 전 이혼을 하고 아들은 갑자기 연락이 두절되어 어쩔 수 없이 할머니가 양육하고 있다고 한다. 몸의 상처는 큰아들이 경마를 하는데 돈을 지속적으로 잃고 있으며, 그날도 경마를 하기 위한 돈을 달라고 하였는데 다음 장사할 밑천밖에 없어서 못 주겠다고 하였더니 그 돈을 뺏으려고 하여 막다가 그만 폭행을 당하였다고 한다. 그뿐만 아니라 손으로만 때린 것이 아니라 의자를 들고 내리쳐서 갈비뼈가 골절이 된 듯하다고 한다. 친구는 경찰에 신고를 하겠다고 하였더니 눈물로 만류를 하여 어쩔 수 없이 수액을 무료로 놔주고 진료비를 면제해주는 것으로 그 마음을 위로할 뿐 차마 신고를 하지 못하였다고 한다. 그 말을 전하며 친구는 회한의 한숨을 내쉬며 "참 사람이 사람답게 사는 게 이렇게 힘드나"라며 허탈하게 웃었다. 그게 벌써 약 20여 년 전쯤인데 아직도 이러한 노인학대가 지속적으로 발생할 뿐만 아니라 오히려 증가했다고 하니 안타까울 따름이다.

친구가 겪은 할머니의 경우만 봐도 부모라는 입장에서 인면수심의 아들임에도 불구하고 극구 신고하는 것을 만류하는 것은 마지막 남은 부모의 도리라고 생각을 하기 때문일 것이다. 오히려 '내가 가진 것이 없어 아무것도 해주지 못해서 취업을 못해서 그래요'라고 말씀하셨다고 하니 그 마음이 오죽했을까?

일반적으로 그런 자녀는 차라리 없는 것이 낫지 않을까 하는 생각도 들지만 할머니는 그럼에도 불구하고 불효막심한 자녀라도 교도소 가는 모습은 차마 보지 못하겠다는 생각으로 만류한 것은 아닐까?

어쨌든 노인 문제는 이제 한 개인의 문제가 아니라 모두의 문제로, 모두가 관심을 갖고 보호하고 지켜야 할 우리의 모습이기도 하다. 이에 2010년 아산시노인보호에 관한 조례를 발의하고 노인학대에 관심을 갖고 신고의무자, 노인학대예방, 노인보호 등에 대하여 인식 개선은 물론 지속적인 교육을 통하여 노인의 문제 개선을 노력하는 한편, 안전한 노인의 일상생활을 위하여 [아산시 경로당 지원에 관한 조례]를 2013년에 발의하였다. 이는 아파트 단지 내 관리실, 다가구 주택밀집지역 등 경로당의 지원을 통하여 노인들이 더욱 안전하고 다양한 혜택을 받도록 하기 위함이다.

우리도 언젠가는 늙는다. 내가 하는 모든 행동은 나의 자녀가 보고 있다고 생각하면 작은 행동 하나도 마음에 담지 않고는 할 수가 없는 것이다. 내가 한 만큼 돌려받는다는 생각을 해 보면 부모님께 소홀히 대할 수가 없지 않을까? 학교에서 받는 교육만이 교육이 아니다. 내가 하는 모든 행동이 바로 가정에서 이루어지는 교육이며 그것은 대물림되어 고스란히 나에게 돌아온다는 것을 깨닫는다면 오늘 자신이 한 행동에 대한 답을 얻을 수 있을 것이다.

아마도 그 할머니는 지금은 고인이 되었겠지만 그 아들은 자신의 그런 행동마저도 품고 싶어 했던 어머니의 삶에 후회를 하고 있지는 않을까?

우리는 젊은 날들을 그리워하지 말고 후회하지 않을 젊은 날을 만들기 위하여 노력해야 할 것이다. 누구나 나이를 들지만 젊은 날들로 돌아가고 싶을 만큼 후회스럽게 만들지 말고 아름다웠던 날들로 기억되도록 최선을 다해 살아가자. 우리의 오늘이 있게 만들어 준 부모님께 감사하는 마음을 갖고 내가 나이가 들었을 때 받고 싶은 만큼만 최선을 다하는 삶이 되기를 바란다.

> 가끔은 하늘을 보자
> 그리고 눈이 부시도록
> 파란 하늘을 보며
> 볼을 스치는 바람을 느껴보자
> 그 느낌만으로도 오늘은
> 행복이다

붙잡아도 갈 것은 가고,
떠밀어도 남을 것들은 남는다

    계절이 그러하듯이 시간이 그러하듯이 우리의 나이도 그러하다. 그리고 마치 아무 일 없었던 듯 고통스러웠던 지난 일들도 고요한 바다처럼 가라앉는다. 나는 그것을 시간 속에 묻는 방법을 깨달았다. 때로는 원망도 해 보고, 불평불만도 해 보았지만 남는 것은 헛헛한 마음이 더 크다는 것을 알고 있다.

    누구나 '배신'이라는 단어를 한 번도 떠올리지 않는 사람은 없을 것이다. 특히 가장 가까웠던 사람의 믿음을 깨어 버리는 일은 두고두고 마음을 후벼파곤 한다. 사람이라 모든 것을 깨끗하게 잊어버릴 수는 없지만 이제는 '용서'라는 단어의 의미도 조금은 알 것 같다.

    누구나 처음 살아보는 삶이라 때로는 실수도 하고 넘어지기도 하며 우리는 첫 삶을 살아간다. 서로 의미 없는 도전과 실패, 그리고 좌절을 경험하면서 살아간다. 그러는 가운데 알고 또는 모르고 누군가에게 상처를 입히기도 하고 계획에 없었던 실패를 맛보며 조금씩 성장해 나가는 것을 알 수 있다. 온실 속의 화초처럼 한 번도 넘어지지 않고 살아가는 사람은 없을 거라 생각하며 그것을 위로 삼아 살아가는 것이 바로 첫 삶이다. 그러나 반드시 노력하면서 살아가야 하는 것은 의도하든 의도하지 않든 누군가의 몸과 마음을 해치는 일이 만들어지지 않도록 해야 한다는 것이다. 간혹 사람들은 '원래부터 그러려고 한 것이 아니라 상황이 사람을 그렇게 만든다'라며 애써 변명같은 핑계를 만들기도 한다. 어쩌면 그것이 오히려 마음이 편하기 때문인 것이나 당하는 사람은 온 힘을 다해 극복해야 하는 상황이 될 가능성도 있기에 열심을 다해 누군가에게 상처를 입히는 일은 피해야 한다는 것이다. 그럼에도 불구하고 다시 일어서 가치로운 삶을 살아가기 위한 노력을 아끼지 않는다.

한국생명존중 희망재단의 통계에 따르면 안타깝게도 우리나라는 OECD 자살률 1위를 유지하고 있다. 삶을 살아가면서 다양한 고난과 어려움을 겪기 마련이다. 사람마다 느끼는 고통의 차이는 다르겠지만 그 시간은 또 지나고 보면 헛웃음 나는 과거가 되어버린다는 것을 깨닫는다면 소중한 생명을 버리는 안타까운 일들이 줄어들 수 있을텐데 안타깝기만 하다.

아주 오래전 나 또한 실패를 경험하면서 삶도 신뢰도 모두 무의미해졌던 적이 있다. 가장 가까운 사람으로부터 외면을 당하고 그로 인한 후폭풍은 나의 삶을 송두리째 흔들기에 충분했다. 불명예스러운 과거를 만들고 주위 많은 이들로 하여금 손가락질을 당하는 위기에 처해지고 나니 사람과의 관계가 싫어지고 집밖으로 나가는 시간도 줄어들었다. 한동안은 내가 그들의 생계까지

챙길 정도로 막역한 사이였건만 한순간 모든 것은 달라져 있었다. 아군인 줄 알았던 사람들이 하룻밤 자고 일어났더니 적군이 되어 있었다고 하면 공감이 되려나! 우여곡절 끝에 나의 고단한 삶은 조금씩 다시 회복을 찾고 간혹 쓴웃음 짓는 과거가 되어갔다. 제법 많은 사람을 잃었지만 진실한 내 사람을 구별할 줄 아는 계기가 되었다.

  우리는 고난의 상황이 되면 그 고난의 흑점만 바라보게 된다. 당시의 상황은 그리 좋은 편이 아니라 다른 어떤 것들도 눈에 들어오지도 않았고 타인의 위로도 가슴으로 들어오지 않았다. 신체의 겉부분을 튕겨져 나오는 것처럼 위로는 내 안으로 들어오지 않았고 나를 아프게 한 사람의 마음이 그저 원망스럽고 왜 그렇게 한 것인지 이해도 공감도 되지 않았다. 잠시 마음을 추스르고 나니 주위의 나를 사랑하는 사람들이 보이고 그 사람들의 기도와 걱정, 그리고 위로가 내 안으로 들어오기 시작했다. 비로소 나는 다시 일어서 삶을 이어가기 시작했다. '반짝' 하고 햇살이 비치는 듯한 느낌을 받고 그 빛은 다시 내 마음의 한구석부터 조금씩 데워지기 시작한 것이다.

  지금 와서 생각해 보니 그 고난의 순간은 내 삶의 아주 작은 부분으로 나를 아프게 한 사람은 한두 명이지만 나를 사랑하고 지지하는 많은 사람들이 있다는 것을 알게 된다. 그 상황을 조금만 멀찌감치서 바라보면 우주처럼 많은 사람들 속에 잘못된 관계 형성을 이루고 있는 모래처럼 작은 한두 명을 바라볼 수 있다.

　나는 어느 순간부터 누군가 좋지 않은 상황이 발생하였다면 한 점의 흑점보다 밝은 빛이 되어주는 많은 주위 사람들을 볼 수 있기를 바란다. 정말로 고개를 들 수 조차 없는 힘든 상황이라도 여전히 하늘은 파랗고 하얀 구름이 있으며 그 구름을 뒤로 하고 숨어있는 햇빛을 찾을 수 있기를 바란다. 구름이 바람에 실려서 흘러가면 밝은 태양빛을 마주하게 되고, 그 빛을 찾을 수 있다면 희망이라는 녀석을 찾고 다시 오뚜기처럼 일어설 수 있는 힘을 얻게 될 것이다.

　항상 태양만 있는 것이 아니지만 또한 태풍으로 인한 폭풍만 몰아치는 것도 아니라는 것을 깨달았으면 좋겠다. 격하게 몰아치던 폭풍도 언젠가는 잠잠한 하늘을 내어놓고 파란 하늘빛 속으로 숨어버리기 때문이다.

특히 코로나19를 겪고 다양한 생활고에 힘든 삶을 살아가고 있는 많은 이들에게 부디 폭풍이 지나고 나면 분명 파란 하늘이 있고 구름에 가리어졌지만 그 구름 뒤에는 화창하고 빛나는 밝은 태양이 있다는 것을 알고 작은 걸음 하나하나 떼어 보기를 권해 본다. 나 역시 아픈 과거를 딛고 다시 일어서서 나를 항상 걱정하며 건강을 기원하고 있는 이들의 마음을 따라 살아가는 첫삶을 살아가고 있다. 고통 없는 삶이 어디 있을까? 넘어지지 않는 발걸음이 어디 있을까? 다시 일어나서 걷는 것은 오직 나 자신의 다짐이며 다시 살아내는 것은 나만이 가질 수 있는 선택이므로 하루하루를 살아낸다면 반드시 걷다가 다시 뛸 수 있는 그날이 온다는 것을 용기내어 말해주고 싶다.

오늘 힘들었는가? 그렇다면 퇴근하는 발걸음을 멈추고 하늘을 올려다보자. 지는 해가 만들어 내는 고운 석양으로 조금은 그 마음이 따뜻해짐을 느낄 수 있을 것이다. 내가 고개를 숙이고 걷는 동안 하늘은 최선을 다해 아름다운 노을을 만들고 파란 하늘을 내밀며 태양빛은 빛나는 하루를 만들어 내고 있을 것이기 때문이다.

> 계절이 바뀌면 때로
> 가슴에 풍랑이 인다
> 살아 있음이 전율인 듯

파란이 일면 그것은
또 한 계절이 바뀌는 것이다

　나뭇잎이 떨어지고 바람의 온기가 달라지면 내 나이 한 살 더 자라고 마음속의 온기도 살며시 1도쯤 올라간다. 작은 일에도 격하게 반응하던 감정들이 이제는 무딘 칼날처럼 덤덤하게 혹은 마치 아무일 없던 듯이 반응하는 것은 이렇게 한 살 더 먹으면서 동그랗게 되어버린 마음 탓이리라.
　사람은 태어나면서 제각기 모난 구석을 가지고 태어난다. 그렇지만 한 계절 지나고 또 한 계절이 지나면서 모난 구석은 닳고 닳아서 동그랗게 맞추어지면 그때 비로소 삶의 마지막 계절이 다다른 것일게다. 우리는 이제 얼마 남지 않은 계절을 두고 지켜보면서 또 얼마나 둥글게 변해가는 내 모습을 바라보게 될까마는 이제는 그 무디어진 칼날 같은 삶을 훌훌 털어버리고 살아갈 날도 머지않은 듯하다.
　오늘따라 유난히 바람이 시원하게 느껴지고 한 걸음씩 내디딜 때마다 느껴지는 가을의 바람 앞에 나는 조용히 마음의 고백을 해 본다. 가을은 남자의 계절이라고 했던가! 유난히 가을이 되면 부는 바람이 좋고 높은 하늘이 좋다. 그리고 산책하는 발걸음이 가뿐하니 걷는 것을 좋아한다. 걷는 길가에 멋진 가로수가 있다면 더욱 좋고 하늘거리는 코스모스가 피어있다면 금상첨화겠지.

봄비속 그리움

김진선

봄비 소리에
그대 오시는 듯하여
창밖을 봅니다

엊그제 핀 목련이
비에 사르르 떨어져

행여 날 보고파 하는
마음이 사그라져
길 잃어 찾아 헤매시는가

몇 번의 꽃이 피고 져야
그대는 오시려는가?

비내리는 창밖은
시끄럽지만

가슴에 뭉친 그리움 하나
간직하며
그대 볼 날 기다리는 마음

오늘도 내일도
한결 같아라

그런 말을 하면 웃을지도 모르겠지만 나이가 드는지 이제는 하늘거리는 코스모스도 눈에 들어오는 것이 내 마음이 어지간히 동그랗게 되었나 보다. 어느 계절엔가는 업무가 끝나는 저녁이 되면 일부러 집 앞의 골목길로 나선다. 그리고 바람이 이끄는 대로 한동안 걷다 보면 마음속의 잡음이 평안해지는 것을 느낀다. 발에 톡톡 차이는 자갈돌을 느끼면서 마음속의 고민과 스트레스를 차는 듯한 오묘한 기분을 느껴 본다. 요즘은 계곡을 따라 자전거 전용도로, 산책길들이 얼마나 많이 생겼는지, 잘 조성된 산책길을 보고 있으면 괜스레 기분이 좋아지고 문득문득 걷고 싶은 충동을 느낀다. 바야흐로 가을이 오고 오곡백과가 무르익는 계절에 쿠션 좋은 운동화를 신고 하염없이 걷는 것은 나름 축복이라는 생각이 든다. 어느 계절엔가 감당하기 어려운 과제를 놓고 머리가 복잡해 싸매고 누울 즈음 나는 걸을 수 있다는 것이 축복이라는 것을 깨닫는다.

밖으로 내어놓고 아무것도 할 수 없을 만큼 머릿속에 생각이란 녀석으로 가득 차 있어 온통 시커먼 먹구름 같이 까맣고 복잡하여 아무것도 할 수 없었던 그즈음, 하염없이 걷다 보면 복잡한 머리는 다시 빈 공간이 되고 흐르는 땀을 타고 스트레스도 흘러내리는 것 같았다. 거기다 시원한 바람이 불어주면 사실 그만한 호사도 없었다.

여름

김진선

날씨가 더운날
물 흐르는 양쪽 둑길 고덕천
야생화가 많아서
시선을 집중하며 기쁘다

노을진 시간에 걷는 운동
길이 깨끗하고 냇물에
물고기 오리 등이 헤엄치는 모습
어미 오리는 새끼들을 여러 마리 데리고
꽥꽥 소리내며 물에 떠 다닌다
냇물 둑섬에 올라와 새끼들은 잠자고
어미는 주변을 살펴본다
새끼들을 살펴주는
위대한 모성 오리

냇가에 스며드는 물안개
여름비가 내리면 둑길에

초록빛 억새와 갈대가 쓰러져 있다
햇살이 따사로운 날에 줄기가
일어나 있는 모습 아름답다

사랑의 뚝길

생각이 많았던 그 나이는 조금씩 퇴화되고 복잡한 머리를 비울 줄 아는 나이가 되었다. 무엇인가를 다시 채우려면 비워야 한다는 그 기본적인 사실도 가끔 잊고 살아갈 때가 있다. 물잔의 물을 비워야 다시 채우고 가슴의 사람도 비워야 다시 채운다. 또한 머릿속에 가득찬 복잡한 일들도 비워야 다시 신선한 기억들로 채우는 법이다. 나는 걷기를 통해 복잡한 머리를 비우고 또 세상으로 나아가 채웠던 생각이란 것들을 다시 비웠던 기억들로 나는 가끔 행복을 느꼈던 것을 기억한다.

행복이란 것은 사실 아주 크거나 특별한 것이 아니다. 가장 힘들었던 어느 순간 걷기를 통해 받은 위안은 오랜 시간이 흘러도 아직 유지하고 있으며 그것은 일상의 고단함을 잊게 하는 가장 저렴하면서도 건강을 유지하는 비결이다. 사람들은 간혹 이렇게 간단하면서도 가벼운 운동을 알지 못한다. 특별한 방법과 절차를 통하여 건강을 유지하려고 하지만 결국 그 방법도 오래가지 못하고 도중에 중단하는 사람들을 어렵지 않게 볼 수 있다.

특히 요즘은 신체적인 건강도 중요하지만 정신적인 건강이 중요시되고 있는 시기에 걷기를 하는 방법은 무엇보다도 효과적인 방법이다. 그 옆에 누군가 믿을 만한 사람이 있다면 또 얼마나

좋을까? 좋은 사람, 그리고 믿을 만한 사람과 가볍게 두 손 맞잡고 걸을 수 있다면 그 어떤 기쁨과 비길 수 있을까마는 또 혼자라면 어떤가. 그저 세상의 복잡한 짐을 덜어낼 수 있다면 그것만으로도 기쁨 가득한 일일 것이다.

애초부터 가시 같은 모서리를 가지고 태어난 우리는 무엇인가 무디어지게 하는 칼날을 준비하고 살아가야 한다. 그래서 뾰족하던 모서리를 다듬어가기 위해서는 스트레스를 해결할 만한 어떤 묘안이 필요한데 그것을 해결하지 않으면 마음의 병이 깊어질 가능성이 높다. 세월에 저절로 닳아질 테지만 기왕이면 스스로 해결 방법을 만들고 건강한 마음을 갖기 위해 노력해야 하는 것을 기억해야 한다.

누구나 세월의 갈등을 이겨내기 위한 해결 방법을 만들어 마음의 건강을 위하여 노력하고 그것은 어느 한 사람의 건강이 아닌 가족, 지역, 그리고 나라의 건강으로 커질 것이다. 이제는 신체적인 건강과 정신적인 건강을 모두 챙기는 날들이 되어 진심을 다해 활짝 웃는 날들이 이어지기를 기대해 본다.

> 누군가에게
> 특별한 하루를 선물하는 방법은
> 생각보다 어렵지 않다
> 그저 한번의 환한 미소
> 그거면 충분하다

누군가에게 특별한 하루를 선물하자

은은한 옥빛이 감도는 고려청자를 보면 어쩐지 청아한 느낌이 들고 마음이 깨끗해지는 것을 알 수 있다. 보는 것만으로도 우리의 마음을 정화시키는 듯한 아름다운 우리 조상님들의 얼이 서린 도자기들의 은은한 멋스러움은 역사를 품고도 남음이 있다. 이러한 도자기들이 아름다운 모습을 간직하기 위해서는 도자기를 빚는 장인들의 인내와 정성이 가득해야 한다.

우리의 삶도 그러하다. 누군가에게 인정을 받고 그 살아온 삶이 아름답다고 느끼게 되기까지는 오랫동안 노력한 반듯한 성품과 올바른 습관이 필요하다.

내가 어렸을 때는 동네 어르신들이 지나가면 허리를 90도로 굽히고 깍듯하게 인사를 하도록 교육을 받았다. 그러다 보니 지금도 아는 사람을 만나면 자연스럽게 허리를 굽히고 인사를 하고 먼저 다가가 악수를 청하며 인사를 하는 것이 당연하게 생각되고 그렇게 하려고 노력한다. 또한 내가 비록 마음이 불편한 상황이어도 미소를 띠고 인사를 나누는 것이 습관처럼 되어 버

청자 상감운학모란국화문 매병

렸다. 타인의 마음이 불편하지 않도록 하려는 배려이다. 인사는 상대방의 마음을 나누는 동시에 존중함을 나타내는 행동이다. 상대방을 존중하는 마음은 인사뿐만 아니라 얼굴 표정, 언어, 몸짓이나 손짓 등 다양하게 나타난다. 허리는 굽히고 인사를 하는데 얼굴 표정이 비웃는 표정이라면 상대방은 인사를 받는다고 해도 그다지 좋은 마음은 아닐 것이다.

  나는 오래전 아침인사 덕분에 그날의 기분이 온통 기쁨으로 가득했던 것을 경험했다. 사실 그날은 우울한 마음에 몸도 마음도 많이 지쳐서 땅바닥에 고개를 처박고 다닐 때다. 그날도 세상 모든 근심을 다 짊어진 듯한 모양새로 터벅터벅 길을 걷고 있었다. 마치 풀 먹인 솜과 같이 어깨는 축 처지고 발은 진흙을 가득 묻히고 걷는 것처럼 무거운 발걸음으로 온통 수심에 가득 찬 그 모습은 이 세상의 모든 근심 걱정을 나 혼자 어깨에 짊어진 듯한 느낌이었을 것이다.

  이른 아침이라 길거리에는 그다지 많은 사람도 없었고 그저 습관처럼 사무실로 걸어갈 때였는데 누군가 "김진구 의원님"이라며 큰소리로 불러 세운다. 나는 가던 길을 멈추고 고개를 들고 보니 장애인복지관에서 봉사활동을 할 때 만났던 봉사자분이시다. 그분은 이른 아침 우연히 만난 나에게 박꽃처럼 활짝 미소를 지으며 안부를 물어 오신다. 그저 이름을 불러주고 미소만 지어주었을 뿐인데 그날은 그 미소로 인해 나의 하루가 밝은 빛처럼 화사하게 빛났던 것을 기억한다. 그때 나는 문득 그런 생각을 하게 되었다. 나는 누군가를 만날 때 저렇게 활짝 웃어주었던가. 나의 유의미한 인사로 인해 상대방에게 오히려 숙제같은 짐을 나누어 주지는 않았던가?

인사할 때의 밝은 미소는 인사를 받는 사람으로 하여금 마음의 빗장을 열게 만드는 열쇠와도 같구나! 나도 저런 미소를 닮아야겠구나! 이런 생각을 하게 된 계기가 되었다.

우리는 흔히 인사를 그저 머리만 숙이면 할 일을 다 한 듯이 습관처럼 할 때가 있다. 그러나 인사에도 격이 있고 그것을 받는 사람의 마음을 헤아린다면 마음가짐부터 새롭게 해야 할 것이다. 누군가 이런 말을 했던 것이 기억이 난다. "20대까지의 얼굴은 자연이 준 것이고 40대부터의 얼굴은 스스로 만든 얼굴이다." 그만큼 본인 스스로의 마음가짐과 습관이 만든 얼굴 표정은 내면의 거울이 되어 얼굴 표정과 몸가짐을 통해 나타난다는 말이기도 하다.

고려청자를 빚는 장인들이 청자를 빚기 위해 몸가짐을 정히 하고 제를 지낸 다음 흙을 마음으로부터 정하게 받아들이고 수없는 실패를 경험하고서야 얻을 수 있는 것처럼 우리의 내면의 모습을 정히 하고 바른 마음가짐을 두고서야 외면으로 표출되는 얼굴 표정이 타인이 보았을 때 은은한 미소를 경험하게 할 수 있다는 말이다.

마음가짐이 올바르지 못하면 말이나 행동이 바르게 나올 수 없고 말이나 행동이 자주 반복되면 그것은 습관으로 자리를 잡게 되는 것이다.

또한 인사를 하면서 웃어주는 모습은 상대방으로 하여금 닫혔던 마음을 무장해제시키는 열쇠 같은 역할을 한다. 오죽하면 옛말에 '웃는 얼굴에 침 못 뱉는다.'라는 속담이 있겠는가! 웃으면 스트레스도 풀리고 면역력도 증가하고 여러 가지 좋은 호르몬도 나온다는데 웃는 연습을 해 보자. 그래서 누군가를 우연히 만났을 때 자기 자신도 모르게 환하게 웃음으로써 상대방의 마음에 의도하지 않는 특별한 하루를 선물할 수 있다는 것을 기억하자. 나는 내가 받았던 그 특별한 아침의 인사로 삶의 가치관이 변화되었다. 누군가를 만났을 때 내가 먼저 환하게 웃어주자. 내가 받았던 특별한 하루를 상대방에게 선물하자. 웃는데 세금도 안 내는데 아낄 필요도 없지 않는가? 이런 것은 아끼는 것이 아니라 낭비를 해야 한다. 세상에서 낭비해도 괜찮은 것들이 몇 가지 있는데 바로 웃음이다. 오히려 낭비하면 할수록 얻는 것이 많아지고 내면의 긍정적인 마음으로 보고만 있어도 미소 나는 '웃는 얼굴'의 모습을 유지할 수 있도록 애써 노력을 하도록 하자. 분명 그 노력은 누군가에게 특별한 하루를 선물하게 될 것이다. 그 특별한 하루는 누군가에게 전염되어 더 많은 사람들의 마음을 바꾸고 또한 삶이 변화되는 귀한 경험이 될 것으로 믿는다.

> 보이는 것이 다가 아니다
> 보이지 않는 것에도
> 가치와 소중함이 가득하다는 것을
> 항상 기억해야 한다

보이지 않는 것에 대한
가치와 소중함을 위하여

　예로부터 '못난 소나무가 선산을 지킨다'는 말이 있다. 반듯하게 잘 자란 소나무는 일찌감치 베어져 재목으로 나가고 볼품없고 굽어 자란 소나무는 오래도록 남아서 선산을 지키고 있다는 의미로 세상에 쓸모없다고 여겨지는 것들이 오히려 오래도록 남아서 수명을 보존하고 온전하게 자기 자신을 지킬 수 있다는 뜻이다. 겉으로 보여지는 것이 독이 되어 나를 해칠 수도 있다는 것을 의미한다.

　현대인들은 살아가면서 보이는 것을 우선시하는 경향이 있다. 특히 외모지상주의가 되다 보니 생명을 잃어가면서 성형을 하거나 건강을 해치면서도 넘치는 다이어트를 하는 것을 매스컴을 통하여 종종 볼 수가 있다. 일찍이 장자께서 이르기를 피위지재(皮爲之災)라고 하였다. 즉, 아름다운 가죽을 경계하라는 의미로 강한 표범이 인간에게 잡혀 죽음에 이르는 데에는 그 가죽이 아름답기 때문에 멋진 가죽으로 인하여 죽임을 당하는 표범을 비유하여 이르는 말이다. 남들이 보기에 아름답고 좋은 것이라도

나에게 반드시 좋은 영향을 끼치는 것은 아니라는 것을 의미한다. 직업에 따라 그 외모가 우선시되는 직업이 있기는 하지만 나에게 맞는 좋은 것이 무엇인지를 깨달아야 한다는 말이다.

우리가 성공하기 위해서는 우리의 강점을 잘 알고 그 강점을 잘 활용하여 나에게 맞는 직업군을 찾고 잘할 수 있는 것을 좋은 것으로 알고 발굴해야 한다. 남들이 좋아 보여도 내게 맞지 않는다면 그것은 무용지물(無用之物)이라는 것이다. 그러나 남들이 볼 때 별것도 아닌 모습이 알고 보면 나만이 가진 특별한 재능이라는 것을 오랜 시간이 흐른 뒤에야 깨닫곤 한다.

우리는 살아가면서 소중한 기회를 놓치게 되는 경우가 가끔 있는데 그것은 바로 나 자신의 특별한 재능을 잊고 살기 때문이다. '나 자신'은 늘 부족하고, 실패를 두려워하고 잘할 수 있는 것이 없다는 낮은 자존감이 바로 그 기회를 놓치게 하는 원인이라는 것이다. 사람마다 부족한 점은 다 있는데 '나'만 부족하다고 느끼거나 능력이 없다고 생각하는 경우가 많다.

모두 다 완벽하지는 않기에 나의 부족한 부분을 오히려 사람답다고 느끼면 좋겠다. 너무 완벽한 사람은 사실 곁에 남기가 어렵다. 무엇인가 내가 채워줄 그 어떤 게 있어야 곁에 남는 것이 사람다운 법이다. 외로울 때 손 잡아 줄 사람, 넘어질 때 손 내밀어줄 사람, 이 빠진 동그라미처럼 채워줄 부분이 있어야 그 곁에서 일부분이 되어줄 수 있기 때문이다.

사람과의 관계란 오묘하여 너무 완벽하기보다는 조금 부족한 듯하여 들어주고, 잡아주고, 채워줄 수 있는 것이 관계 형성에

도움이 된다. 등이 굽은 소나무가 볼품없어서 선산에 오래 남게 된 것처럼 아무것도 아니었던 것이 결국 내 모습을 나타내게 되고 사람을 남아있게 만드는 요소가 될 수 있다. 너무 완벽하려고 애쓰지 말자. 어차피 너나 나나 완벽한 인간은 이 세상에 없기에 완벽한 모습보다는 조금 부족해 보여도 사람다운 모습으로 주위에 사람이 머물 수 있는 여유로움을 간직할 수 있는 사람 냄새 나는 사람이 되자.

누군가에게 인간미가 없다는 말보다는 사람답다는 말을 들으려면 완벽을 추구하는 모습보다 가끔은 기대는 모습으로 넘어졌다 다시 일어서는 모습으로 선산을 오래 지키는 소나무처럼 오래 남아있자.

우직하고 듬직한 등이 굽은 소나무는 사시사철 푸르름을 간직한 채 늘 그 자리에서 선산을 지키지 않는가? 나의 부족함이 때로 남들에게는 기댈 수 있는 언덕처럼 보일 수도 있고 그런 나를 보며 누군가는 또 위로를 받기도 할 것이다. 함께 쓰라린 과거도 나누고 어쭙잖은 호기도 부려보면서 이루어지지 않을 것 같은 미래를 꿈꾸기도 하며 다시 희망을 갖게 하는 사람다움을 간직한 사람 냄새가 그리운 요즈음, 조금 부족해 보이면 또 어떠랴. 마음껏 나와 함께 속내를 꺼내놓아도 불편함이 남지 않는 그런 사람이 그리운 현대인들에게 나는 그런 사람이고 싶다.

　대문만 열면 만나서 늘 서 있는 편안한 사람. 동네 아저씨처럼 은은한 미소를 풍기며 소주 한 잔을 기울여도 부담이 없는 사람. 헐렁한 바지에 야구모자 하나 쓰고 만나도 편안한 그런 사람. 식은 밥에 풋고추 된장 찍어 우적우적 씹어 먹어도 환하게 웃어줄 수 있는 그런 사람. 내가 꿈꾸는 요즘 사람은 바로 그런 사람이다. 쭉쭉 뻗어서 잘나서 일찍 베어지는 재목같은 소나무가 아닌 등이 굽어 볼품없어도 언제든 찾으면 그 자리에서 그늘을 내어주고 은은한 솔향기를 흩뿌려주는 선산 지키는 그런 소나무처럼 내 모습이 그러하기를 바란다. 나는 그렇게 조금은 부족하지만 많은 이들에게 웃음도 주고 그늘도 내어주는 등이 굽은 소나무이고 싶다.

> 뿌리를 찾아 떠나는
> 21세기 가족여행

기와집 주춧돌 같은 할아버지

매년 6월이 되면 아버지는 유난히 바쁘셨다. 어린 시절 나는 그 이유를 몰랐고 자라면서 그 사실을 아버지에게 듣기 전까지는 할아버지의 기억도 없는 내게 특별한 시간여행이 되곤 했다. 할아버지는 후퇴하는 국군을 위해 먹을거리와 잠자리 등을 제공하며 뒤를 봐주다가 인민군에게 발각되어 죽대로 무참하게 살해되셨다. 할아버지는 그렇게 생을 마감하셨고 이후 자녀들도 목숨이 위태로웠기에 아버지는 당시 처가댁, 즉 외가로 피신하여 목숨을 부지할 수 있다고 한다. 물론 다른 형제들도 제각각 흩어져 숨어서 목숨을 부지하였고 상황이 잠잠해진 후에야 다시 만나 일상생활을 유지하게 되었지만 아버지에게 그날의 사건은 잊지 못할 상흔으로 남아 두고두고 6월의 아픔을 되새기는 기억이 되었다.

그래서였는지는 알 수 없지만 교사로 재직하셨던 아버지는 6월 호국보훈의 달이 되면 유난히 울적한 모습을 자주 보이셨다. 또한 현충탑을 찾아 참배하시고 전쟁의 아픔을 되새기며 또한

김진구(필자)의 선친

무참하게 살해되어 일찍 아버지를 여읜 그날의 기억을 되새기곤 하셨다. 어린 날의 나는 잘 이해할 수 없었기에 아버지를 따라 현충탑을 찾았고 묵묵히 참배하시는 아버지를 보며 그저 할아버지가 그리우셨으리라 짐작만 할 뿐이었다.

  내 나이 열 살이 넘어서던 어느 날 그날의 기억을 잊지 말라시며 반복하여 들려주셨고 나라에 전란이 발생하면 의도치 않게 피해를 보는 노인들과 어린 자녀들의 피해에 대하여 말씀하셨다. 굳건한 나라가 되어 다시는 동족상잔의 비극이 일어나지 않도록 우리의 마음을 다잡고 나라의 소중함을 일깨워 주셨으며 또한 지켜나가야 하는 의미를 깨닫게 해 주셨다. 그래서였을까, 나는 유독 6월 호국보훈의 달이 되면 돌아가신 아버지가 유난히 그립고 또한 할아버지의 정을 느끼지 못하고 자란 것에 대한 슬픔이 밀려온다.

내 마음이 이럴진대 아버지의 마음은 오죽하셨을까? 상상도 하지 못한 참담한 현실 앞에 아버지는 얼마나 많이 무너지고 아파했을는지 짐작하기도 어렵다.

6.25전쟁은 올해 74주년을 맞았다. 그러나 우리가 기억해야 할 것은 전쟁은 끝난 것이 아니라 멈추어 있다는 사실이다. 언제든 북한군이 마음만 먹으면 다시 발발하게 되는 것이 전쟁이다. 1950년 6월 25일 북한군의 남침으로 전쟁은 시작되었고 1953년 7월 27일 정전협정 체결로 전쟁은 멈추게 되었다. 다시 말해 공식적으로 종결되지 않았기에 전쟁은 끝난 것이 아니라 휴전상태를 유지하고 있으며 아직도 호시탐탐 남한을 공산화시키기 위해 노리고 있는 것이 바로 현실이다.

6.25전쟁은 한 개인의 삶뿐만 아니라 수많은 전쟁고아들과 삶의 터전을 황폐화시켰고 자유와 평화를 수호하기 위한 수많은 목숨을 무참하게 잃어버리게 하였다. 그들의 소중한 희생과 헌신으로 오늘날 우리의 삶이 자유와 평화를 누리며 살아갈 수 있는 발판이 되었다는 것을 잊지 않아야 할 것이다. 만약 그날의 그들의 희생이 없었다면 지금의 우리나라는 없었을 것이라는 것을 반드시 기억해야 한다. 어린 시절 말로만 들었던 인민군들의 만행을 철이 들면서 그 흔적들을 돌아보며 나는 나라의 소중함과 자유와 평화를 위해 꽃잎처럼 사라져 갔던 이들의 수많은 희생이 더욱 특별하게 와 닿았다.

　같은 민족이면서 서로 총구를 겨누고 알지도 못하는 젊은이들의 가슴을 향해 총을 쏘아야만 했던 6.25전쟁. 구멍 뚫린 철모를 보면서 가족들의 마음에 뚫린 평생의 삶을 '가족'이라는 이름으로 견뎌야 했던 사람들이 우리 주위에는 무수히 많다.

　이들은 젊은 날을 나라를 위하여 헌신하며 목숨을 바치고 다친 몸을 이끌고 돌아왔지만 현실은 참담하였고 이후로의 삶도 평탄하지는 않았다. 취업을 하기에는 다친 몸이 불편하여 직장생활도 하기 어려웠으며 그로 인한 가난은 더욱 생활고와 자녀의 양육을 어렵고 힘들게 하였다. 가난은 그들 자신뿐만 아니라 자녀들에게도 걸림돌이 되었고 고등교육을 받는 것도 현실적으로 어려웠으며 이로 인한 가난은 대물림되어 두고두고 가슴에 한으

할아버지를 추모하시는 아버지

로 남은 분들이 많았다. 간혹 참전유공자들과 대화를 하다 보면 그날의 참담함은 이루 말로 표현하기가 어렵다며 가슴을 쓸어내리셨다. 아침까지만 해도 같이 주먹밥을 나누며 함께 했던 전우가 보는 앞에서 수류탄과 폭탄, 총에 맞아 사지가 찢기는 모습을 직접 보았으며 그 잔상은 지금도 각인이 되어 알코올의 힘을 빌리지 않고는 제대로 잠도 이루지 못할 정도로 힘들어하고 있다는 것을 알고 관심을 가지는 사람은 얼마나 될까?

　시대적인 흐름이 그들의 생명과 고통의 세월을 요구했다면 이제 우리는 그들의 남은 삶에 관심을 갖고 돌보는 것이 우리가 해야 할 일이라는 것을 기억해야 할 것이다.

비목

한명희

초연이 쓸고간 깊은계곡
깊은계곡 양지녘에
바바람 긴세월로 이름모를
이름모를 비목이여
먼고향 초동친구 두곤 하늘가
그리워 마디마디 이끼되어 맺혔네

궁노루 산울림 달빛타고
달빛타고 흐르는 밤
홀로 선 적막감에 울어지친
울어지친 비목이여
그 옛날 천진스런 추억은 애달퍼
서러움 알알이 돌이 되어 쌓였네

젊은 나이에 하늘의 별이 되었고 그들이 목숨으로 지켜온 우리나라가 아닌가. 그럼에도 불구하고 전쟁이 났던 나라이기에 나라가 반석 위에 설 때까지 보상은 넉넉하지 못하였고 그 삶은 곤궁할 수밖에 없었다. 이제 우리나라의 형편이 그나마 나아져 다친 정도에 따라 또는 유공자의 유형에 따라 조금은 보상을 받고 있지만 안타깝게도 당사자는 이제 남은 삶이 그다지 많지 않다는 사실이다.

무엇보다 중요한 것은 이제 세월의 흐름에 따라 점점 동족상잔의 비극이었던 6.25전쟁을 잊어가고 있다는 것이다. 심지어 자라나는 청소년은 6.25전쟁에 대한 진실을 정확하게 알지 못함으로 인하여 역사를 제대로 알지 못하는 경우도 있어 더욱 안타까움을 자아낸다. 이제라도 올바른 역사를 알리고 오늘의 대한민국을 있게 한 순국선열 및 호국영령들을 넋을 기리고 그들을 위한 특별한 날 그 의미를 마음에 새기는 자세가 필요하다.

여전히 남한과 북한으로 나뉘고 분단된 조국이 언제 다시 전쟁이 발발할지 모르는 상황에서 대치하고 있는 현재, 우리 영토의 안보를 굳건히 하고 다시는 이러한 비극적인 사건이 발생하지 않도록 노력하는 것은 우리의 미래를 지키는 일이기도 하다. 세계적으로 분단된 단 하나의 나라로 평화로운 통일을 꿈꾸며 죽음으로 지키고자 했던 자유수호의 의미는 오늘날 우리가 해야 할 몫으로 남아있다.

나라를 위해 헌신하셨던 국가유공자들의 남은 삶이 평안하도록 그들의 노후를 위하여 제도적으로 지원을 아끼지 말아야 한다. 또한 나라를 위한 그들의 희생을 올바르게 기억하고 다시는 되풀이되지 않도록 후세에 전달하는 것도 우리의 몫이다.

오늘 추모행사에 참여하여 향을 올리고 이 글을 쓰며 국군들을 도우며 물심양면으로 지원하다 희생된 할아버지와 전쟁으로 돌아가신 수많은 희생자들, 그리고 국가의 자유와 평화를 위해 목숨 바치신 전사자들과 다친 국가유공자들을 생각하며 고개 숙여 묵념을 올리며 감사의 마음을 가슴에 새겨 본다.

> 아름다운 것은
> 우리의 마음속에
> 영원히 머물게 된다는 것을
> 우리는 알고 있다

역사를 간직한 아름다운 공세리 성당

 우리 아산에는 역사적으로 대한민국을 대표하는 가장 아름다운 성당이 있다. 바로 공세리 성당인데 그 역사는 1890년에 시작되어 126년의 역사를 자랑한다. 성당은 고딕양식의 건축물로 고풍스럽고 주변 조경도 매우 아름답게 조성되어 있다. 아름다운 건축물 뿐만 아니라 많은 신부님들이 신앙을 지키기 위하여 순교하셨으며 그 역사를 기념하기 위하여 박물관을 건립하고 그 명맥을 이어오고 있다. 무려 32분의 순교자들을 모시고 있으며 박해시대 때 내포지방은 천주교 신앙의 요충지로 이곳에서 잡혀 각지로 끌려가서 순교를 당하였고 그 넋을 기리기 위하여 순교자 묘지가 있는 곳이기도 하다.
 갖은 문초와 형벌을 받고 병사한 하 바르바라가 첫 순교자로 1825년 3월에 체포되었으며 결국 병사하게 된다. 1801년 신유박해부터 1873년 병인박해까지 고귀한 목숨을 아낌없이 바치면서 믿음과 신앙을 지키기 위해 영광스러운 순교의 길을 택한 많은 순교자 중에는 불과 18세의 어린 나이의 소년들도 있었다.

순교한 박씨 석상　　　　　　　　　성체조배실

　성당을 올라가는 길 우측에는 마치 토굴처럼 생긴 성체조배실이 있는데 이곳은 성체 안에 현존하시는 예수님과의 대화, 기도, 봉헌의 행위라고 할 수 있으며 성체조배를 통해 우리들은 하느님의 진정한 사랑과 은총을 온몸으로 느낄 수 있다. 성 알퐁소는 "하루 15분의 성체조배로 다른 여러 가지 신심 행위를 24시간 하는 것보다 훨씬 더 큰 은총을 얻을 수 있다."고 하였다.12)

　성당 앞에는 350년이 넘는 팽나무와 느티나무 등 보호수가 4그루나 있고 계절이 바뀔 때마다 그 멋스러움은 보는 이로 하여금 탄성을 자아낸다. 팽나무 그늘에서 잠시 머물러 있노라면 세속에 찌들고 지친 마음들이 차분하게 정화되고 새로워짐을 느낄 수 있다. 이 오래된 보호수들은 역사의 흐름 속에서 얼마나 많은 참담한 기억을 안고 있을까? 그럼에도 불구하고 묵묵히 버티고 서 있으며 아픈 기억을 묻고 살아간다. 성당 앞의 보호수는 아직 그 형태가 웅장하고 싱싱함을 간직하고 있는데 다른 나무

---

12) 공세리 성당 성체조배실 해설

보호수(좌:느티나무, 우:팽나무)

들은 조금씩 그 싱그러움을 잃어가고 있는 듯하여 안타까움을 자아낸다. 지금은 치료 중이라 곧 다시 예전의 모습으로 돌아오기를 기대한다. 많은 이들이 이곳에 오면 이 보호수 아래에서 기념촬영을 하곤 한다.

멋진 보호수를 뒤로하고 성당 내부로 들어가면 아치형의 천장을 통하여 웅장하고 경건한 모습의 내부 모습을 볼 수 있다. 오랜 역사 속에서도 아직 잘 보존되어 있어서 아름다운 모습을 관찰할 수 있었다.

성당 우측에는 고해를 할 수 있는 아담한 고해소가 있고, 그 옆으로 돌아서면 십자가의 길이 있는데 일정 간격으로 예수님이 고난을 당한 모습을 석상으로 세워져 있다. 숲이 우거진 산책로를 통하여 신앙적 요소를 느낄 수 있도록 조성해 놓았으며 천주교인들에게는 의미 있고 특별한 길로서 묵주를 들고 기도하는 모습이 종종 관찰되기도 한다. 이 길을 따라가다 보면 피정의 집과 사제관, 수녀원을 볼 수 있다. 산책로를 마치면 베네딕토

관(사무실)과 박물관을 볼 수 있는데 베네딕토 관에는 성당의 역사와 신앙적 기념품 등을 구입할 수 있는 곳이 함께 있으며 바로 우측으로 박물관을 들어서면 박해의 역사와 신부님들이 직접 사용했던 다양한 물품들과 기록들을 확인할 수 있다. 역사적 사실들을 그대로 보존해 놓았기에 천주교 역사에 대한 유물들과 기록들을 알 수 있다.

박물관 좌측으로 계단을 내려가면 순교자 묘지가 자리하고 있으며 묘비도 볼 수 있다. 묘지 앞에 서면 그들의 숭고한 신앙적 마음이 느껴지는 듯하다.

공세리 성당은 아산의 대표적 여행지로 대한민국에서 가장 아름다운 성당 중의 한 곳이다. 종교가 다르다고 하더라도 역사

적으로 매우 가치있는 건축물이며 또한 계절별로 아름다운 경치가 조망되어 많은 사진작가들이 찾는 곳이기도 하다. 특히, 겨울에는 보호수를 트리로 만들어 더욱 아름다운 모습을 하고 있기에 그 아름다운 모습은 절정을 이룬다.

십자가의 길

박물관　　　　　　　　　　　방조제 사업

　이에 공세리 성당은 충청남도 기념물 144호로 지정되어 있으며 수많은 영화나 드라마, 뮤직비디오 등의 촬영지로도 유명하다. 그뿐만 아니라 순교자였던 박씨의 증조부 박만선 공으로부터 시작된 아산만과 삽교천을 잇는 방조제 공사로 토착민들에게 생긴 창상과 욕창, 고름병을 낫게 하는 고약이 발명되기도 했는데 이명래 고약으로 전해지는 이름은 원래 드비즈 신부의 한국 이름을 딴 성일론 고약의 비법을 전수해주어 오늘의 이명래 고약으로 전해진다고 한다. 독실한 신자였던 이명래는 드비즈 신부에게 찾아가 잔심부름을 하며 제조법과 치료법을 배우게 되고 많은 사람들을 치료하게 된다. 공교롭게도 일본군 장교 사사키가 이 고약으로 치료를 받고 완치되자 조선총독부 기관지인 경성일보에 그 약효를 기고해 이명래 고약은 전국적으로 유명세를 타게 되었다고 한다. 고약은 국내 최초의 양약인 활명수와 함께

 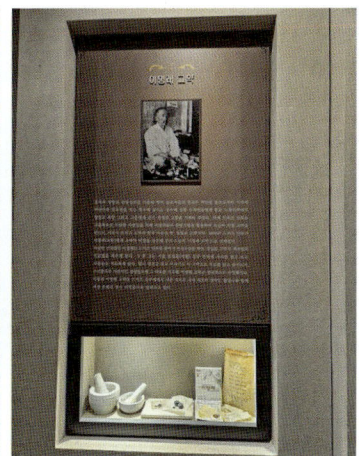

조성 보통학교 　　　　　　　　 이명래 고약

가장 오래된 장수 의약품으로 알려지고 있다.

　여기서 드비즈 신부에 대하여 조금 더 언급하자면 1905년 본당 내에 서양식 근대학교인 조성 보통학교를 설립하여 45명의 아이들에게 글과 교리를 가르치기 시작하였으며 1909년부터 신자가 아닌 자녀들에게도 교육적 기회를 확대하였다. 이 학교를 통하여 아산 지역의 교육 사업이 활성화되었으며 오늘날 아산 인주면 소재 인주초등학교의 전신이 되어 그 역사를 자랑하고 있다.[13]

　박만선의 방조제 사업은 아산만에서 시작하여 삽교천에 이르는 긴 방조제로서 통진 부사에서 물러 나온 뒤 시작하였다. 이 방조제 사업을 실시하게 된 이유는 유민들을 정착시키기 위한 방안으로 1756년 박만선이 시작하였으며 1784년 그의 아들 박

---

13) 공세리 성당 박물관 해설중에서, 조성 보통학교

순교자 묘지   주차장 가는 길

종학이 뒤를 이어 준공하여 개간한 논을 나누어 주고 살게 하였으며 이로 인해 모원리, 신설리, 신밀두리, 서강리, 신원리, 갈매리 등 교우촌이 형성되었고 이것이 빌미가 되어 병인박해 때 밀양 박씨 가문의 순교자만 10명의 치명자가 나오게 되었다고 한다.14)

나는 천주교 신자로 주일이면 성당에서 미사를 드리고 신앙적 믿음을 쌓아간다. 믿음을 위하여 온전히 목숨을 초개같이 버린 순교자들을 보며 귀한 믿음에 대하여 숙연해지는 것을 느낀다. 잠시 기도실에서 묵도를 하고 걷는 십자가의 길은 시원한 가을 바람으로 온 마음이 평안해짐을 느낀다. 우리의 죄를 위하여 십자가에 달리신 예수님의 은혜를 생각하며 남은 삶이 예수님의 사랑과 은혜로 가득하기를 기도해 본다. 나도 그와 같이 나에게 고통을 주었던 사람을 용서하고 오직 주님의 마음으로 사랑이 충만한 삶이 되기를 기도하며 공세리 성당의 산책을 마친다.

---

14) 공세리 성당 박물관 해설중에서, 방조제 사업

박물관　　　　　　　　　　　　성당 측면

　누구나 아산에 오면 이곳을 찾으면 좋겠다. 특히 마음이 불편한 사람이라면 일부러라도 와서 그 마음에 평강을 찾고 주님의 사랑을 느끼고 다시 척박한 세상으로 나아갈 때 용기를 얻고 희망을 찾고 날마다 새롭게 되어 활기차게 살아갈 수 있기를 바란다. 이번 가을에는 아산의 대표적인 역사적 명소인 공세리 성당으로 일정을 잡아 보자. 분명 아름다운 공세리 성당에 마음을 뺏기고 그 여운은 오래도록 기억에 남아 다시 찾게 되는 명소로 자리 잡을 것이다.

> 욕심을 버리면
> 마음이 가볍고
> 갈등을 버리면
> 마음이 여유롭다
> 우리도 그렇게 살자
> 몸도 마음도 건강하게

조선 청백리의 상징
맹사성 고택을 찾아서

　동네 어귀를 돌면 집집마다 예쁜 꽃들이 대문 밖을 장식하고 그 집을 둘러싼 잘 가꾼 나무들과 예쁜 꽃들을 보면 그 안에 사는 사람들은 마음이 얼마나 아름다운지 생각하게 만든다.
　아산에는 유래깊은 곳도 많다. 그중에서도 반드시 찾아봐야 할 곳을 손가락으로 꼽는다면 맹사성 고택을 빼놓을 수가 없는데 이는 현대를 살아가며 나랏밥을 먹는 사람이라면 꼭 그 정신을 본받아야 할 곳이라 할 수 있다.
　입구의 고불맹사성기념관은 조선시대 청백리의 상징으로 불리며 맹사성 선생의 일대기와 많은 청렴 이야기들을 알 수 있는 곳이다. 어린 자녀와 아산을 찾는다면 꼭 한번 들러서 보고 가기를 권유한다.
　박물관에 들어서면 맹씨행단이라는 말을 접하게 되는데 이는 맹사성 아버지인 맹희도가 학문에 정진하며 후학을 모아 강학하였고 행단의 의미는 공자가 은행나무 아래서 강학을 했다는 유래에서 맹씨행단이라 한다고 전한다[15]

---
15) 고불맹사성기념관 해설

고불맹사성기념관

맹사성의 일대기

기념관에 들어서면 영상으로 맹사성의 일대기를 볼 수 있고 벽을 따라 최영 장군과의 만남과 활약상을 기록해 놓았는데 어렸을 때부터 매우 지혜로웠다고 기록되어 있다. 그뿐만 아니라 왕의 부탁도 진실함을 전하지 못한다는 이유로 거절했을 정도로 정도를 걷던 분이라는 것을 알 수 있다. 어린이들도 쉽게 알 수 있도록 재미있는 영상으로 기록을 볼 수 있게 해놓은 것도 관람을 유도하는 하나의 좋은 방법으로 보인다.

특히 여기서 '청백리'라는 의미를 알 수 있는데 그 의미는 '깊은 산속의 맑고 깨끗한 물처럼 세상의 더러움에 물들지 않는 깨끗한 관리로 성품과 행실이 맑고 깨끗하기 때문이다.' 이와 같이 맹사성은 청백리의 상징으로서 후대에 이어져 오고 있다. 그 외에 맹사성의 유물로 황소를 타고 불었다는 옥피리인 옥적, 휴대용 물잔,

맹사성 영정

목철도형배, 영조 26년에 하사한 어필사액(현판) 등 소중한 유물들이 전시되어 있다.

기념관을 관람하고 나와서 작은 다리를 건너면 아산 맹씨행단으로 맹사성이 살던 곳이 있으며 이는 원래 최영 장군이 살던 곳으로 그의 손녀사위인 맹사성에게 행단을 물려주면서 맹씨 집안이 대대로 살았다. 앞마당에는 600여 년 된 은행나무가 있어 행단으로 불리게 되었다고 전해진다. 맹씨행단을 지나 경내로 들어가면 고택, 세덕사, 구괴정이 있다. 고택은 공(工) 자 형으로 가운데에 대청을 두고 좌우에 온돌방을 두었으며 홑처마의 맞배지붕16)으로 여러 차례 고치기는 했지만 현재 남아있는 오래된 목부재들이 고려 시대 살림집의 분위기를 잘 보여주고 있다. 이곳은

---

16) 건물의 모서리에 추녀가 없이 용마루까지 측면 벽이 삼각형으로 된 지붕

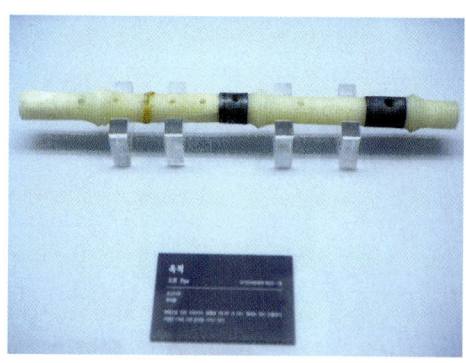
옥적

현판

가장 오래된 고려 시대 민가 자료로도 가치가 높다.

고택의 뒤로 세덕사(世德祠)가 자리하고 있는데 이곳은 맹사성과 그의 조부인 맹유, 부친인 맹희도 등 세 분의 위패를 모신 사당으로, 이곳에서는 해마다 숭모제향을 올리고 있다. 주위를 둘러싸고 가을을 맞아 빛 좋은 감이 익어가고 있다.

돌담으로 쌓아올린 담벼락을 따라 고즈넉한 기운이 감돌고 은은한 한옥의 멋스러움이 풍기는 것을 느낄 수 있다. 특히, 고택의 우측에는 쌍행수(두 개의 커다란 은행나무)가 있는데 지금쯤 그 노란 빛이 아마도 고택을 가득 메워 많은 사진작가들이 문전성시를 이루고 있을 것이다. 아산시를 대표하는 은행나무는 이렇듯 곳곳에 오랜 역사를 담고 자리하고 있는데 이곳의 쌍행수는 무려 600여 년이나 된다고 한다. 오랜 세월 많은 역사적 사실을 모두 기억하고 있을 것이라 생각하니 묵묵히 견뎌 온 세월이 가늠이 되고도 남는다.

고택을 지나 뒤쪽으로 향해 나 있는 소대문을 나가면 아름드리 소나무가 한옥과 어울려 수려함을 자랑하고 작은 오솔길을 따라 느티나무가 우거진 숲길을 따라가면 드디어 구괴정(九槐亭)이 있는데 그 위에 서면 세상의 모든 시름을 다 잊히는 것만 같다. 시원한 가을바람이 이마를 스치고 고즈넉함이 느껴지면 그 편안함에 살짝 단잠에 빠질 것처럼 유혹스럽다.

구괴정은 정자 자체만으로도 멋있지만 주위를 둘러싸고 있는 느티나무는 맹사성, 황희, 권진이 각각 세 그루씩 아홉 그루의 느티나무를 심었다고 하여 붙여진 이름이다. 이곳에서 세 정승이 시문을 짓고 국정을 토론했다 하여 삼상당(三相堂)[17]이라고도 한다.[18]

고택 전경

---

17) 세 정승(맹사성, 황희, 권진)이 머물던 집
18) 맹사성 고택 내 해설문

구괴정

현재의 정자는 훼손된 정자를 사진을 통하여 복원한 모습이라고 하는데 이곳에서 잠시 쉬면서 청렴하게 평생을 살아왔던 맹사성과 황희, 권진 이 세 분이 정승의 나라를 위하여 고뇌하는 모습이 아련하게 그려지는 듯하다.

우리는 때로 삶을 살아가다 보면 수많은 유혹에 흔들릴 때가 있다. 그리고 정도가 아닌 줄 알면서도 권세와 가압에 의한 올바르지 못한 선택을 할 때가 간혹 있다. 생명이 위태로울 수도 있는 상황에서 단호하게 임금의 부탁을 거절하는 호기를 지금 우리는 얼마나 닮아갈 수 있을까? 적당한 기준이 어디까지인지 그것이 점점 나를 옮아매는 올가미가 될 수도 있다는 것을 오랜 시간이 흐른 뒤에야 깨닫게 되는데 그것을 깨달았을 때에는 이미 늦은 후회로 얼룩진 뒤인 경우가 많다.

이에 우리는 맹사성고택을 방

문하고 그의 청렴된 일생을 본받아 불의와 타협하는 일이 없도록 정도를 가는 삶을 살아가야겠다며 다짐해 본다.

수많은 선택의 기로에 서서 최고는 아니더라도 최선의 선택을 할 수 있기를 기대해 본다.

세덕사와 쌍행수

> 흐르는 물은
> 멈추면 썩게 되고
> 막으면 넘치게 되고
> 거꾸로 흐르지 않는다
> 오직 위에서 아래로
> 넓은 평야로 나아갈 뿐!

삽교천 맑은 물은 바다로 흐른다

 누구나 한번쯤 바닷가를 걸으면서 이 물은 어디서 흘러와서 어디로 흘러가는지 궁금해하며 철학적 사고를 했던 적이 있을 것이다. 세찬 바람이 불면 그 바람이 슬퍼서 울적해지고 먹빛 바다가 빛나면 그 속에 무엇을 담고 있어서 저렇게 검게 물들었는지 의아해 하며 어린 시절을 보낸 적이 있으리라.
 흔히들 많은 사람들은 삽교천이라 하면 예산을 떠올리지만 실제 삽교천은 예산평야는 물론 아산평야 일대의 관개수원이 되며 하천 연안에 홍성읍, 삽교읍 등이 있다. 시작은 홍성군 장곡면에서 발원하여 황해 연안 및 아산만으로 흘러드는 하천으로 북쪽으로 흐르다가 예당저수지를 거쳐 오는 무한천과 예산군 신암면 하평리에서 합류하고 다시 아산만과 안성천과도 연계되며 다시 아산만으로 흘러드는 하구 부근에서 천안시 광덕면에서 발원하는 곡교천과 합류한다. 다시 말하면 삽교천은 아산과 연계되어 있으며 실제 아산의 주요 관광지이기도 하다.

도로를 지나다 보면 삽교호 일대로 통용되는 삽교천 방조제가 있는데 이는 삽교천 하구의 거대한 인공호로 1976년 12월에 착공하여 1979년 10월 26일에 준공하였다. 이렇게 만들어진 삽교천 방조제를 일부러 구경하기 위해 많은 사람들이 34번 국도, 38번 국도, 77번 국도를 지나가며 사진을 찍기 위해 줄지어 선

삽교천 방파제

차량으로 한때는 인산인해를 이루었던 적도 있었다. 우리 역시 삽교천을 따라 먹거리와 놀거리를 찾아 방황하던 시절이 있었다. 어쩐지 바다 앞에 서면 망망대해 먼 바다를 보면 넓고 넓은

삽교천 전경

바다처럼 나의 꿈도 자라나는 듯했다. 삽교천이 그랬다. 비록 인공호이긴 했지만 그 물은 바다와 같이 넓고 시원한 바람은 마치 바닷바람을 상기시켜 주었다. 이토록 눈부신 물빛을 보고 있으면 세상 시름이 바람에 모두 씻기는 듯하다.

요즘도 가끔 삽교호를 찾아 삽교천을 따라 강바람을 맞으며 산책을 하곤 한다. 특히 근처에 예쁜 한옥으로 만든 빵 카페, 즉 베이커리 명장이 구운 빵에 따끈한 커피 한 잔이면 이 저물어가는 가을을 한 움큼 넣은 듯 아끼듯이 홀짝홀짝 마시며 나의 인생의 시간을 조금은 낭비해도 아깝지 않을 것이다.

가을은 하늘이 높고 푸르며 말이 살찌는 계절이라고 했다. 하늘에는 파랗게 높은 하늘이 곱고 삽교천에는 푸른 맑은 물이 가득하고 그 물빛으로 지은 농사는 누렇게 익어가는 아산! 평화롭고 아름다운 이곳에 가을이 흠씬 물들면 우리의 마음도 조금은 여유롭게 하늘을 볼 수 있었으면 좋겠다.

현대를 살아가는 젊은이들을 보고 있노라면 마음이 저려온다. 마음 놓고 하늘 한번 눈이 시리게 쳐다보지 못하는 요즘 젊은

삽교천의 석양

세대는 우리 세대가 누렸던 뜨거운 열기를 누려보지 못하는 것 같아 안타깝다. 우리는 강을 따라 낡은 짐차 같은 자전거를 타고 실컷 달려도 보았고, 통기타를 들고 그 무거운 카세트 녹음기를 들고 뭐가 그리도 좋은지 연신 함박웃음을 머금고 목소리 높여 청춘 가요를 불러댔었다.

지금의 청년들은 대학입시로 인하여 그때 겪어야 하는 그들만의 아름다운 시절을 누릴 수 없어서 안타깝고, 겨우 대학을 마치고 나면 다시 취업 때문에 젊은 시절이 다 지나가니 그 시절을 돌이킬 수 없음에도 그냥 지나가고 마는 것이다. 나는 간혹 그런 우리들의 기억을 되새기며 우리 아이들이 자라면서 이 아름다운 가을날 저렇게 파란 하늘과 어여쁜 단풍을 보지 못하고 저 삽교천에 흐르는 강물에 발 한번 담그지 못하고 다 지나가 버리는 것이 속상하다.

우리들에게 마냥 킬킬거리며 웃음이 끊이지 않던 어린 날, 발 가벗고 멱감던 그 순수하고 즐거웠던 어린 시절이 우리들의 다음 세대는 상상도 하지 못할 일이 되어버렸다. 사실 하늘 한번 보는데 걸리는 시간, 단풍 한번 보는데 걸리는 시간이 오래 걸리는 것도 아니다. 그저 마음이 대학, 취업 등 목표로만 가득하여 고개 한번 들 여유가 없는 것이다.

그러다 보니 사회 생활을 할 때 자기 자신을 위한 마음의 여유를 풀어놓을 방법을 찾지 못하여 약물과 게임 등 현실과 다른 부작용들이 있는 방법으로 풀어가는 청년들이 많은 것을 우리는 매스컴을 통하여 자주 접하게 된다. 사회적으로 부적응하게 되고 소통하는 방법을 찾지 못하는 것, 마음 놓고 큰소리 내어 웃을 여유가 없다는 것은 마음이 건강하지 못하기 때문이며 이는 그 연령대에 맞는 놀이와 역할에 있어 대학, 취업 등 목표달성이라는 강력한 현실과 부딪히기 때문이다.

이제 우리는 우리 다음 세대들에게 목표가 아니라 현재 당면한 과제인 그 연령에 맞는 과제를 주고 마음껏 웃는 것이 얼마나 행복한 일인지를 알려주는 자세가 필요하다.

우리의 뇌는 의외로 똑똑하지 못하여 실제 좋은 일이 있어서 웃는 것과 거짓으로 웃는 것을 잘 구분하지 못한다고 한다. 거짓으로 웃어도 몸에 좋은 엔도르핀이 생성이 되고 그것은 면역체계를 만들어 몸이 건강해지는 비결이 되기에 자주 웃어야 하는데 웃을 일이 없는 것이 지금의 청년들이다. 따라서 우리는 지금부터라도 아이들이 마음껏 소리 내어 웃을 수 있는 일들을 많이 만들어 주어야 한다. 그것이 삶의 모태가 되어 행복한 인생을 꿈꾸고 또한 그 따뜻한 마음으로 가정을 이루고 자녀를 낳고 온전한 하나의 가정을 이루어 갈 수 있는 기본적인 삶을 만들어가는 데 노력을 기울여야 할 것이다.

  온전한 가을이 깊어가며 시원한 가을바람이 불기 시작했다. 이번 주말에는 아내와 결혼한 딸 내외를 초대하여 삽교천 강가를 거닐며 예쁜 카페에 들러 따끈하고 향기 좋은 커피를 한잔해야겠다. 그리고 아빠가 어린 시절 산책하고 뛰어놀며 개구쟁이 노릇했던 이야기들을 들려주어야겠다. 아마도 딸 내외는 깔깔거리며 아빠의 이야기에 귀를 기울이겠지. 손주들은 또 얼마나 키득거리며 할아버지의 이야기에 손뼉을 치며 맞장구를 칠지 상상만 해도 미소가 난다.

  이 글을 읽고 있는 독자들도 이번 주말에는 사랑하는 그 누군가를 불러 아담하고 작은 카페에 들러 삽교천에 흐르는 반짝이는 물빛을 바라보며 어린 시절을 이야기해도 좋겠다. 그리고 나눌 수 있는 마음을 담아 향기 좋은 차 한잔할 수 있기를 기대한다.

> 올곧은 마음과
> 바른 삶으로
> 한 마리 학처럼
> 남은 삶을 살아가리

영험한 학의 기운으로 발현되다
-영인산

'학'은 우리 민족의 정신을 나타내는 새로 장수의 상징이기도 하며 일평생 한 마리의 짝을 바라보며 살아간다 하여 단란한 가정을 상징하기도 한다. 이러한 영험한 학의 기운을 간직한 산이 바로 영인산이다. 정상에는 2마리의 학의 형상을 띤 듯한 두 개의 탑으로 구성된 '민족의 시련과 영광의 탑'이 세워져 있다. 이 탑은 민족의 역사 및 문화적 가치를 재조명하고 등산객의 휴식공간을 마련하기 위하여 만들어졌다.

산 정상에 서면 멀리 서해 바다와 평택, 삽교천 및 아산만 방조제와 아산의 시가지를 한눈에 볼 수 있으며 영인산 동쪽 자락에는 영인산 자연휴양림과 수목원이 있어 그 볼거리를 더한다.

영인산이 아산 시민들에게 주목받는 이유는 아름다운 전경 말고도 다른 이유가 하나 더 있다. 바로 정상의 우물이 그것인데 큰 가뭄이 있을 때마다 기우제를 지내던 산으로 그다지 높지는 않으며 최근에 등산로를 산책할 수 있게 잘 조성해 놓아서 산책하는 느낌으로 살방살방 오르다 보면 어느새 정상에 다다르게

된다. 특히, 산 정상 일대에 남북으로 펼쳐진 백제 초기의 석성으로 추정되는 영인산성도 있기에 역사적으로도 매우 가치가 있으며 주목받기에 이르렀다.

  이렇듯 영험한 기운이 서려있는 영인산은 자연휴양림에서 출발하여 깃대봉-신선봉으로 이어진다. 휴양림에서 오르는 등산로는 갖가지 어여쁜 꽃과 귀여운 동물 모형으로 심심할 틈 없이 조성해 놓았다. 휴양림을 경유하는 등산코스는 스카이 어드벤처를 경유하여 산림박물관, 시련과 영광의 탑을 거쳐 깃대봉, 정상

영인산 안내

터줏대감 고양이와 수목원 입구

으로 갈 수 있다.

중간에 바위에 우리가 잘 아는 나태주 시인의 「풀꽃」 시를 적어놓았다. 그 외에도 포토존이 심심치 않게 있어서 많은 이들이 인증샷을 남기곤 한다.

어쩌면 글도 이리 고운지…!

휴양림 입구부터 터줏대감 고양이가 안내를 하듯 앞서거니 뒤서거니 따라온다. 많은 사람들과 함께해서 그런지 경계심도 없이 한참을 동행하더니 범위를 넘어섰다는 생각이 들었는지 돌아간다.

영인산 산행입구

바위의 시들

　영인산 스카이 어드벤처에 가면 짚라인이 있어 영인산휴양림을 이용하는 사람들이 많이 활용한다.

　그리고 자연을 다시 복원시키기 위하여 산림복원지구가 조성되어 있으며 산림의 다양한 정보를 전달하기 위한 산림박물관이 제법 큰 규모를 자랑하고 있다.

　다양한 체험과 자연의 정보를 알 수 있다. 수목원 표지석을 지나면 판다와 사슴 등 귀여운 조형물과 국화로 꾸민 아름다운 정원이 나온다. 충분히 가을을 만끽하며 걷는 길은 일상을 벗어

팬더곰 조형물과 국화꽃

난 호강이다.

    박물관을 관람하고 우측으로 진행하면 거북이 우물이 나오는데 음용은 할 수 없다고 적혀있다. 그 뒤로 헬기 주차장이 나오고 이제부터 본격적인 산행이 시작되는데 숲길로 이어지는 오솔길 중 6.25전쟁의 흔적을 볼수 있는 콘크리트 계단이 있다.

    이곳 영인산은 지리적 요충지로 서해안 일대를 조망할 수 있으며 6.25전쟁 이후에는 미군이 주둔했던 곳으로 여전히 남아있는 군사시설인 계단과 초소 그리고 나무 전봇대를 볼 수 있다.

박물관

콘크리트 계단

거북이 우물

영인산 노을

 이 콘크리트 계단이 깃대봉에서 영인산 최고봉인 신선대까지 이어져 있으며, 멀리서 보면 아주 작게 보이지만 막상 계단을 오르면 제법 너비가 넓고 높이도 일반 계단에 비하여 높다는 것을 느끼게 되는데 인간공학적인 요소보다 정상까지 빠르게 진행하려고 했다는 것을 알 수 있다.

 계단을 따라 조금 더 진행하면 드디어 민족의 시련과 영광의 탑을 마주하게 되는데 마치 학알을 닮은 조형물에 학의 긴 목을 상징하는 두 개의 조형물이 오랜 역사의 아픈 역사를 간직하고

영인산 봉화만세시위현장 기념비

민족의 시련과 영광의 탑

연화봉

있다니 그 해설만으로도 가슴이 저며온다. 오죽하면 '민족의 시련과 영광의 탑'이라고 이름을 지었을까! 두 개의 탑은 보는 위치에 따라 다르게 보인다. 그리고 주위에는 여덟 폭의 돌에 민족의 시련과 영광의 탑 명문이 새겨져 있다.

탑을 지나면 오솔길같은 산행길을 가게 되는데 깃대봉까지 약 0.22km이며 정상인 신선봉까지 0.47km이다. 이전까지는 바위를 이용해 산행로를 만들었으나 이제부터 진짜 흙을 밟을 수 있는 산길이다. 깃대봉까지도 좌우로 연산홍 등 아름다운 봄꽃으로 조

깃대봉 가는 길

서해와 아산 시가지

성하여 봄에 산을 찾는 이들은 아름다운 경관을 만끽할 수 있다. 때 늦은 연산홍 두 송이가 산객들을 반긴다.

특히 깃대봉에서 조망되는 박물관과 서해바다, 그리고 아산 시가지의 모습은 한 폭의 그림이다. 탁 트인 조망을 바라보면 마음속의 시름이 모두 잊히는 듯하다. 깃대봉에는 6.25전쟁 당시 이 지역을 차지한 후 영역을 표시하기 위한 깃대를 꽂았다고 하는 깃대봉이 있으며 6.25전쟁 이후 설치된 것으로 추정되는 대공포 부속시설과 탄약고가 있어 다시 한번 역사의 아픈 기억을 상기시키게 된다. 그럼에도 불구하고 깃대봉에서 바라보는 전경은 동서남북 어느 한 곳 아름답지 않는 곳이 없다.

깃대봉에서 조망되는 정상 부위는 앞서 언급한 미군초소가 조망되며 이는 치열한 전투지역으로 미군부대 주둔 시기에는 통제구역이었으며 군부대가 이전하면서 등산로가 개방되었다고 한다. 6.25전쟁의 흔적인 나무 전봇대가 있는데 한때는 전기를 공급하는 중요한 역할을 하였을 나무 전봇대가 오랜 세월 영인산과 함께하고 있음을 알 수 있다.

박물관 방향 조망

또한 콘크리트 전봇대와 나무 전봇대가 나란히 있는 모습에서 영인산의 파란만장한 역사를 알 수 있다.

해발 364m인 영인산 신선봉에 다다르면 배 모양으로 된 2층 전망대가 있으며 영인산의 지리적 특성에 대하여 알 수 있다.

깃대봉

이곳은 차령산맥 북쪽에서는 최고봉이며 아산만은 물론 경기도 최남단지역까지 훤히 바라볼 수 있는 천혜의 전략 요충지였기에 나당 연합군에 맞선 백제가 이곳에서 7여 년 동안 전쟁을 벌였고 청일전쟁 때도 격전이 벌어진 곳이라 적혀있다. 또한 6.25전쟁도 비껴가지 않고 연일 치열한 전투가 벌어졌으며 전쟁

217

나무전봇대

미군기지 주둔당시 시설

직후에는 일반인들의 출입을 막고 미군부대가 주둔하였고 신선봉 전망대는 1970년대 중반에 한국군이 설치한 기지를 2009년도에 리모델링한 것으로 전망대에 오르면 서해바다와 삽교천, 아산만 방조제를 한눈에 볼 수 있다.

아산 시가지를 조망할 수 있고 탁 트인 전경은 시야가 훤하여 머릿속이 맑아지는 것을 느낀다.

정상에서는 상투봉으로 가는 산행로와 산성으로 가는 길이 있는데 산성으로 가는 길은 연일 계단이 이어져 있다. 계단은 숫자가 적혀있는데 모두 956개의 계단으로 만들어져 있으며 하산하면서 산성의 모습도 볼 수 있다.

영인산성(靈仁山城)은 영인산 정상부에 지형을 따라 부정형으로 쌓은 석축산성(石築山城)으로 자연지형을 최대한 활용하여 쌓은 산성이다.

영인산성은 세 개의 봉우리를 감싸고 있는 비교적 큰 규모의 산성으로 성벽은 헬기장에서 남서쪽을 내려가는 길에 약 200m, 다시 정상부를 향해 북서쪽으로 올라가는 길에 300m 정도가 남아있으며, 민족의 영광과 시련의 탑(연화봉)의 북동쪽에서도 높이 약 3m, 폭 2~3m 정도 남아있는 성벽을 관찰할 수 있다. 북벽은 경사도가 급한 자연지형을 그대로 이용하고 있으며 성과 관련되 부대시설로 성문터와 우물 등이 발견되었으며, 성내에서는 비교적 많은 양의 기와편과 토기편들이 확인된다.

정상 전망대

정상석(신선봉)

영인산성은 신증동국여지승람 아산현 고적조에 수록되어 있는 신성산성(新城山城)으로 추정되고 있으며, 수록 내용은 "그 산마루에 옛성 두 개를 연해서 쌓은 것이 있는데, 북쪽 성은 돌로 쌓은 것으로 둘레가 480척에 높이는 10척이며 안에 우물 하나가 있고 날이 가물면 이곳에서 비를 빈다. 남쪽 성은 흙으로 쌓았고 둘레가 480척에 높이가 4척인데 옛날에 평택사람이 난리를 피하여 우거한 사실이 있어 평택성이라 이름했다."라고 전한다.[19]

영인산성

박물관 방향으로 하산하여 휴양림을 따라 하산하는 길은 성벽 방향과 계곡으로 가는 방향이 있는데 성벽 방향은 험준하므로 계곡 따라 가는 길로 하산한다. 멀리 박물관과 헬기장을 따라 올라왔던 길과 합류하는 지점을 통해 휴양림으로 다시 출발 지점으로 돌아갈 수 있다.

오랜 역사의 아픈 기억을 안고 묵묵히 서 있는 영인산은 이제 우리 아산 시민들이 자주 애용하는 등산코스이며 외지의 사람들이 아산을 방문하였을 때 숙박과 캠핑을 할 수 있는 휴양림과 자연의 정보를 알 수 있는 박물관도 갖고 있다. 무엇보다 조금씩 잊혀가는 우리의 역사를 알 수 있으며 다시는 되풀이되어서는 안되는 전쟁의 소용돌이에 빠져서는 안되기 때문이다. 우리의 역사를 기억해야 다시는 되풀이되지 않는다는 것을 깨닫고 되새길 수 있는 역사적 사실 앞에 우리는 더욱 겸손해져야 하며 분명하게 역사를 알고 기억할 수 있는 곳이기 때문에 영인산을 방문하고 그 의미를 알 수 있는 계기가 되었으면 한다.

아픈 기억과 역사적 사실에도 불구하고 영인산은 아름다운 조망과 경관을 자랑하며 계절별로 다양한 볼거리와 축제가 준비되어 있다. 특히 가을에는 국화축제가 열리는데 석상들을 중심으로

---

19) 영인산성 안내문

조성된 국화들은 그 향기가 온 산을 가득 메울만큼 그윽하고 다양한 국화의 색은 갖은 모양을 빚어서 너무 멋지고 아름답다.

그다지 높지도 않으면서 잘 조성된 등산코스를 따라 산책하듯 걸을 수 있는 곳으로 고운 단풍으로 물들어가는 가을, 가족들과 함께 소풍 가듯 다녀올 수 있는 곳으로 추천한다.

일과를 마친 후 오늘 영인산의 하루가 저물어간다. 멀리 보이는 아산 시가지는 흡사 크리스마스 트리처럼 아름답다. 조용하면서도 아름다운 우리 고장 아산에 이런 멋진 산, 그리고 의미있는 산이 있다는 것은 축복이다.

> 평등하다는 것은
> 가진 것이 많은 사람이나
> 가진 것이 적은 사람이나
> 같은 곳을 바라보고
> 길을 갈 수 있는 것이다

한 명의 아이를 키우기 위해서는
온 마을이 필요하다

    날씨가 좋은 날이면 유난히 마음에 걸리는 이들이 있다. 그들은 바로 공교육의 문제점을 보완하고 학습자 중심의 자율적인 프로그램을 통하여 학력을 인정해주는 인가형 또는 비인가형 학교로 대안학교라고 한다. 대안학교는 일반학교에서 부적응한 아이들을 돌봐주는 곳이라는 편견이 있는 것이 현실이다. 그러나 대안학교는 부적응한 아이들을 수용하는 것이 아니라 일반적인 학교의 틀에 짜여진 학교가 아닌 생태적 삶을 체험시키고 건강한 청소년 문화를 기르기 위하여 시도된 캠프나 방과후학교나 주말학교, 또는 방학을 이용한 계절학교 형태로 운영되었던 것이 모태가 되어 일부 대안학교로 발전한 것이다.

    오직 대학교가 목표가 아닌 자연과 소통하며 문제해결을 해나갈 수 있는 방법을 알아가며 이러한 과정을 일반학교와 동일한 과정으로 인정해주고 졸업장을 받을 수 있는 곳이다. 물론 일부 학생들 중에는 일반학교에서 잘 적응하지 못하는 아이들이 선택하는 경우도 있지만 오히려 대안학교에 와서 사회적 활동은 물론 단체활동에 잘 적응하며 정서적으로도 안정되는 경우가 많이 있다. 어쨌든 대안학교는 전일제 형태, 계절학교, 방과후, 주말학교, 홈스쿨링 등이 있으며 현장과 참가 주체들이 다양하고 유동적이어서 일관된 기준으로는 모두 다 알기는 어렵다. 가장 좋은 점은 소규모로 운영되며 삶이 곧 학습이며 진정한 체험을 통하여 교육의 영역을 균형있게 운영하려고 애쓰고 있으며 학부모와 학생을 교육의 주체로서 교육활동에 적극 투입하고 지역사회를 최대한 활용하여 살아있는 교육을 실시한다는 점이다.

각 학교의 교육철학이 있으며 그 배경에 따라 학교마다 저마다의 독특한 철학을 갖고 있으며 제각각 공동체 문화를 형성하고 있으므로 학생과 학부모가 저마다의 교육에 대한 기호에 따라 선택이 가능한 것이 특징일 수 있다.

우리 아산에도 바로 그런 대안학교가 있다. 바로 어울림 대안학교인데 아산, 천안, 예산에 있는 학교와 학교 밖의 경계에 있는 아이들이 일반학교에서 학업을 중단한 아이들을 포함하여 약 27명 정도 있으며 현장 실습, 체험 위주, 인성교육 위주로 개인의 소질과 적성개발 위주의 다양한 교육을 목적으로 설립되어 운영 중에 있다. 가끔 이곳에 들러 교사들과 담소를 나누다 오곤 하는데 이들의 고충이 이만저만이 아니다. 이곳에 부임해 교사로 활동하고 있는 분들은 주로 정년 퇴임한 선생님으로 구성되어 있으며 특별한 교육방식과 부족한 예산 등으로 오래가지 못하고 활동을 멈추곤 한다는 것이다. 우선 교사들의 인건비도 문제이다. 일반학교와는 달리 이곳에서 교육하는 교사들의 급여가 일반학교의 급여에 턱없이 부족하고 아이들에게 주어지는 기본예산 역시 지속적으로 지원받지 못하기에 형편이 많이 어려운 실정이다. 예를 들면 급식비도 부족하여 본인부담금으로 운영되고 있으며 대안학교에 지급되는 급식비는 현물로 지급이 되기에 충분한 보상이 이루어지지 않고 있다는 것이다.

넉넉한 지원은 아니어도 기본적인 식생활은 충분히 이루어질 수 있도록 개선이 되었으면 하는 바람이다. 사회적으로 불평등하다고 생각이 되면 스스로를 깊은 수렁에 가두고 사회적으로 고립된다는 소외감과 허탈감이 마음속 깊이 자리 잡으면 낮은 자존감으로 올바른 인성교육이 이루어질 수 없으며 성인으로 성장하게 되어도 그 상처는 두고두고 원망과 갈등의 씨앗이 될 것이다.

우리나라는 OECD 가입 국가 중 불명예스럽게도 저출산과 자살률 1위를 놓치지 않고 있다. 한 명 한 명의 청소년들은 무엇과도 비교할 수 없을 만큼 소중한 존재이기에 우리와 생각이 조금 다르다고 역차별적인 대우를 해서는 안 된다. 그들은 그냥 우리와 조금 생각과 문제 해결하는 방식이 다를 뿐 소중한 우리 모두의 자녀들이라는 것을 기억해야 할 것이다. 한 명의 아이를 위하여 온 마을이 하나가 되어 정성을 쏟고 좋은 환경을 제공하기 위하여 노력하며 아이들을 위한 최고의 환경을 만들기 위한 노력을 아끼지 말아야 할 것이다.

아프리카 속담에는 "한 명의 아이를 키우기 위해서는 온 마을이 필요하다"라는 말이 있다. 이제 우리는 이 속담처럼 한 명의 아이라도 소중하게 여기고 그들과 공감하며 함께 나누고, 먹고,

배우고, 체험하며 더불어 살아가는 것을 익혀야 한다.

아이의 부모는 물론 제도적 차원에서 지원하고 미래의 핵심역량을 갖춘 인격체로서 올바른 성인으로 성장시키기 위하여 유관기관, 학교, 지역업체 등 모두가 관심을 갖고 서로 도움을 줄 수 있는 사회적 분위기를 만들어가야 한다. 가장 중요한 것은 대안학교는 특수학교가 아니라 얽매인 학교를 벗어나 삶의 목표가 대학교를 가기 위한 것이 아닌 자연과 더불어 삶을 살아가고 체험하고 인성을 기르는 자연친화적인 학교라는 생각을 갖고 편견을 버리고 볼 수 있는 어른들의 마음가짐이다. 편견은 아이들을 올바로 보지 못하게 하는 걸림돌로서 작용하게 된다. 우리가 먼저 편견을 버리고 보듬어 줌으로써 그들의 마음은 물론 부모들에게도 천군만마의 용기로 남을 것이다.

이제 우리가 한 명 한 명이 아이들의 부모와 같은 마음으로 자녀를 양육시킨다는 생각으로 다가갈 때에 세계적으로 저출산 1위라는 불명예를 버리고 마음 놓고 자녀를 낳아 양육할 수 있는 나라가 될 것이다.

조금 더 넉넉한 예산을 지원하고 프로그램을 개발하여 대안학교에 어려움을 해결할 수 있는 방안이 마련되어 청소년들의 관심사에 따라 생태, 여행, 예술 인턴십 등 인성교육의 소질을 개발하여 다양한 교육을 받을 수 있는 학교가 되기를 간절히 소망해 본다.

> 비전을 안고 꿈꾸는 삶은
> 희망으로 가득하지만
> 꿈꾸지 않는 삶은
> 시간이 멈춘 것과 같다

꿈꾸는 사람은 아름답다

누구나 젊은 날은 꿈으로 가득하다. 특히 어린 날의 비젼은 멋진 연예인을 꿈꾸기도 하고 의사나 변호사 등 고수익을 얻을 수 있는 직업을 꿈꾸기도 한다. 점점 나이를 먹을수록 현실의 벽에 부딪히고 그 꿈은 이슬처럼 사라지기도 한다. 간혹 어린 시절 여자친구들은 예쁜 꽃집을 운영하는 꿈을 꾸기도 하고 오래도록 책을 읽고 싶다며 책방을 운영하고 싶다는 친구도 있었다.

나의 어린 시절 꿈은 아버지를 닮은 선생님이었지만 어느 순간 건축가의 꿈을 갖게 되었고 지금은 건축사로서의 길을 가고 있다. 집을 지으면서 어떤 사람은 기둥이 가장 중요하다고 말하고 또 어떤 사람은 자재가 중요하다고 하기도 한다. 최근 들어서 매스컴을 통하여 안전사고가 보도되면서부터 특히 자재에 대한 관심도가 높아지고 그에 대한 중요성도 부각되는 듯하다. 나는 건축가로서 집을 지을 때 어느 부분이 가장 중요하냐고 묻는다면 시작부터 끝까지 어느 하나 중요하지 않는 것이 없기에 선뜻 대답을 하기는 어려울 것 같다.

건축물을 만들기 위하여 계획 단계부터 마무리까지 고객이 요구하는 집을 짓기 위하여 고객이 요구하는 부분을 반영하기 위한 계획을 하고 안전하고 구체적인 건축 도면을 작성하며 건축물의 구조와 기능, 거기에 미적인 요소를 충족하기 위한 설계를 한다. 그뿐만 아니라 공간의 활용과 채광, 계절에 따른 에너지 효율성 등 다양한 측면을 고려해 반영된 설계를 진행해야 한다. 이때 빠뜨릴 수 없는 부분이 건물을 지을 땅의 분석이다. 토지의 경사, 토질, 일조량, 인접 건물과의 거리 등 다양한 요소들을 고려하여 설계를 해야 하며 법적인 요소에 문제가 발생하지 않도록 인허가 문제까지 고객과 소통하여야 한다. 이렇듯 고객이 원하는 부분을 잘 반영하기 위하여 끊임없는 소통을 하고 수없이 많은 부분을 수정하는 과정을 반복하며 고객의 욕구를 충족시킨다.

지금은 컴퓨터로 작업을 하는데 예전에는 모두 수작업을 하여야 했기에 한번 잘못 설계를 하게 되면 수정작업을 하는 데는 오랜 시간과 노력이 필요하였다. 서로의 욕구가 만족하는 결과를 얻었을 때 드디어 건축물이 설계도면에 따라 만들어지기 시작하면 올바르게 설계 도면대로 진행이 되는지 끊임없이 관리 감독하며 최고의 품질과 공정 과정이 이루어지도록 관심을 갖고 지켜봐야 한다. 물론 건축물이 만들어지는 과정에도 건축사는 끊임없는 점검과 관리 감독하는 자세가 필요하며 예산의 범위 내에서 자재를 선정하고 그 안에서 안전적인 요소, 미적인 요소, 특히 우리나라처럼 사계절이 뚜렷한 곳은 에너지 효율성을 포함하여 건축물을 설계하여야 한다. 최근에는 친환경적인 요소가 빠질 수 없는 부분이 되었으며 이러한 트렌드에 맞추어 건축사는 건축물의 설계에 반영해야 한다.

나는 건축사로서의 길을 가면서 인생에 있어 삶의 과정도 이와 다르지 않다고 생각한다. 삶의 어느 순간이 중요하지 않는 시간이 있었던가? 순간순간 최선을 다하며 살아가고 올바른 선택을 하기 위해 노력해야 한다.

나는 아산시에서 태어나 성장하면서 아산의 발전을 위해 많은 관심을 갖고 있으며 이를 실현시키기 위하여 아산시의원에 출마하였고 당선된 바 있다.

₩이때부터 꿈꾸었던 것은 경제적으로 활성화되며 누구나 정착하여 잘 살아갈 수 있는 아산시가 되기를 갈망하였다. 아산시는 생각보다 갈 곳도 많고 아름다운 곳도 많은 도시이다. 그뿐만 아니라 역사적으로도 유서가 깊은 곳이며 지리적으로도 한반도의 중심부에 위치한 핵심적인 곳이기도 하다.

그런 이곳이 어느 순간부터 정지된 것처럼 혹은 스쳐 지나가는 도시처럼 변해버린 것을 느낀다. 나는 이렇게 멈추어버린 아산시에 생명력을 불어넣고 다시 활성화될 수 있도록 나의 비전을 꿈꾸어 본다. 코로나19로 침체되어 버린 소상공인을 위한 지역경제 활성화로 취업이 어려운 청년들에게 일자리를 창출하고, 지역 내 산업단지를 계획하여 더 많은 사람들이 정착하여 삶을 유지할 수 있는 곳, 그래서 양질의 일자리 창출로 고용의 확대는 물론 지리적인 요충지로 한반도의 중심인 이곳에 물류센터

단지를 구축하는 것도 아산을 활성화시키는데 좋은 방법일 것이다.

무엇보다 지역주민들과의 소통의 장을 열고 건축사로서 고객의 욕구를 반영하여 아름답고 멋지며 또한 기능적인 요소와 효율적인 요소를 가미시킨 건축물을 만들어가듯, 함께 더불어 잘 사는 아산시가 되는 것이 또 다른 나의 비전이 되었다.

또한 우리도 점차로 나이가 들면서 노후에 대한 안정화가 시급한 실정이 되었다. 나이를 먹어보지 않으면 나이든 사람들의 심정을 잘 알지 못한다. 피부에 와닿지 않는 정책이 되는 것은 당해보지 않았기 때문이다. 그렇기에 제대로 된 어르신 복지를 위해서는 더욱 많은 어르신들과의 소통이 필요하다. 직접적인 만남과 대화를 통한 피부에 와닿는 어르신 복지를 위해 한 걸음 더 나아갈 것이다. 어르신 복지의 기본은 어르신들이 진정 원하는 바가 무엇인지 알고 현실에 맞는 정책을 구현하는 것으로 경험으로 얻을 수 없는 부분은 소통을 통해 알아가는 어르신복지를 정착화하는데 앞장설 것이다. 조금만 더 깊이 생각해 보면 어르신 복지는 우리의 미래이다. 누구나 늙어가는데 정작 늘 젊은 시절을 그대로 유지할 것으로 믿고 살아간다. 어르신 복지는 우리들의 미래이기에 미래를 안정화시키는 정책을 올바르게 펼치는 것은 매우 중요하다.

미래의 비전에 보건제도가 빠질 수 없다. 건축물에 있어 어느 한 부분도 중요하지 않는 것이 없지만 우선순위를 구분할 수는 있을 것이다. 우리의 삶에 있어 건강은 매우 중요하며 돈도 권력도 아무리 높고 많다고 하여도 건강을 잃으면 아무 소용이 없다는 것은 누구나 잘 알고 있다. 그러면서도 건강을 지키기 위해 스스로 하는 일은 생각보다 많지 않다. 건강을 지키기 위하여 하는 운동, 식이요법, 몸과 마음의 건강까지 모두 잘 지키는 것이 얼마나 중요한지 이론적으로는 매우 잘 알고 있지만 그것을 실천하는 사람은 그다지 많지 않은 것이 현실이다. 이는 코로나19를 겪으며 많이 달라지기는 했지만 어느 순간 서서히 잊혀 가고 있다. 또다른 팬데믹 현상이 올 것이라고 예견하고 있는 지금 우리는 무엇보다 건강에 대한 경각심을 갖고 사회적으로 팬데믹 현상을 다시 겪지 않도록 주의해야 할 것이다. 이에 나는 시스템적인 제도로서 보건 제도를 정착화시켜 만일의 경우를 대비할 작정이다. 재난에 있어 대비 및 대응 훈련은 최악의 상황을 기준으로 하는 게 올바른 훈련이다. 또 다른 팬데믹 현상을 겪으며 경제적인 파탄에 이르지 않도록 사전에 훈련과 대비 대응하는 방법을 기르도록 할 예정이다. 무엇보다 감염병은 신속한 초기대응이 중요하므로 그에 필요한 시스템을 구축하는 것을 목표로 한다.

이뿐만 아니라 더욱 많은 비전을 제시하고 이루어 가기 위해서는 모두가 하나가 되는 관심과 참여가 필요하다. 치유와 힐링이 이루어지는 우리 아산, 역동적이며 변화하는 우리 아산, 어르신들이 편하고 건강하게 하는 아산, 아름다운 관광지로 발돋움하는 아산, 모두가 잘 사는 아산이 되기 위해서는 우리 모두 함께 할 때에 거듭나는 아산으로 정착할 것이다.

나는 아직도 꿈을 꾼다. 내가 태어나 자란 이곳이 한반도의 그 어느 곳보다 지리적으로 주요한 곳이기에 얼마든지 발전 가능하며 살기 좋은 아산으로 거듭날 수 있을 것이라고 믿는다.

이러한 아산이 되기까지 나는 멈추지 않고 비전을 제시하고 이루어 갈 수 있는 한 명 한 명의 약속이 필요하며 그 약속이 비로소 더 잘되는 아산으로 만들어간다는 것을 믿어 의심치 않는다. 우리 모두 비전을 갖고 아산을 위해 미래의 꿈을 꾸어보지 않겠는가?

꿈을 꾼다는 것은 살아있음을 의미하며 발전 가능하다는 것을 의미하며 또한 희망이 가득하다는 것을 의미한다.

아름다운 꿈을 함께 꿀 수 있는 여러분들이 되기를 소망한다.

곡교천의 봄

2024년 12월 5일 초판 인쇄
2024년 12월 10일 초판 발행

지은이   김진구

발행인   강병욱
발행처   도서출판 교음사
편집   수필문학사

03147 서울 종로구 삼일대로 457 수운회관 1308호
Tel (02) 737-7081, 739-7879(Fax)
e-mail : gyoeum@daum.net
등록 / 제2007-000052호

* 잘못된 책은 바꿔 드립니다. 값 18,000원

ISBN 978-89-7814-133-8 03980